WEEDEE PEEPO

A Collection of Essays
Una Colección de Ensayos

by

José Antonio Burciaga

THE UNIVERSITY OF TEXAS-PAN AMERICAN PRESS
EDINBURG, TX 78539
1988, 1992

Acknowledgements

Most of these essays originally appeared in the *Hispanic Link News Service.* Others were published by *Pacific News Service* and *Texas Monthly Magazine.* The author wishes to thank all previous publishers for their permission to reprint the essays in this collection.

Copyright © 1988 by José Antonio Burciaga
2nd. Printing, 1992

Library of Congress Cataloging in Publication Data

Burciaga, José Antonio. 1940-
Weedee Peepo.

English or Spanish
I. Title.

PS3552. U66 W3 1987 813.54
ISBN: 0-938738-06-2

Cover design by Chris Pérez
Book design by Patricia De La Fuente
Art work by Chris Pérez, Lindy Williams, José Antonio Burciaga

Published by
The University of Texas-Pan American Press
Edinburg, TX 78539
512-381-3638

Las Gracias

Muchísimas Gracias to
Cecilia, my wife
Charlie Ericksen, Editor of *Hispanic Link News Service*
Sandy Close of *Pacific News Service*
Lori Korch and Nancy Weden
San José Mercury News
and *Texas Monthly*

I dedicate this collection of essays to the dear memory of my mother, María Guadalupe Fernández de Burciaga (1909-1985), who was the inspiration, editor, and resource for many of these essays; and to the dear memory of my father, José Cruz Burciaga (1905-1986), who taught me the gift of humor and laughter.

Dedico esta colección de ensayos al querido recuerdo de mi madre, María Guadalupe Fernández de Burciaga (1909-1985), quien fue inspiración, editora y recurso para muchos de estos ensayos, y al querido recuerdo de mi padre, José Cruz Burciaga (1905-1986), quien me enseñó el arte del humor y la risa.

Preface

José Antonio Burciaga has no fear of editors. In fact, he seems to take special pleasure in reeducating newspaper and magazine editors around the country about the 22 million Latinos and Latinas who live here.

Burciaga is particularly rough on those in mainsteam media who insist that, to be accepted, articles and opinion pieces about Hispanics must conform to their provincial, suburban concepts of the U.S. Hispanic community.

Fortunately for readers of this collection of Burciaga's columns and articles, he is a patient and forgiving man. He continues to put up with the editors' shortcomings, to write for them and, in the process, to teach them about society and their own lack of cultural awareness.

He is a tireless advocate for all Latino and Latina journalists, speaking boldly where some others might be inclined to nod and compromise and to allow their written perspectives to be bent to appease someone who holds run-or-kill power over their prose.

José Antonio has been known to send caustic notes to editors who are too zealous with their blue pencils on his commentaries, accusing them of trying to convert tortillas into white bread. He sometimes threatens to expunge their names from the list of potential outlets for his work.

I know. In the offices of *Hispanic Link News Service*, I have ten file drawers full of personal and professional information on U.S. Hispanics who have achieved prominence or notoriety. They contain about 2,000 names of writers and others, from Abeytía to

Zúniga, and are jammed with a mix of news clips, manuscripts and personal correspondence. José Antonio Burciaga is the only person in those cabinets to command two bulging manila folders. His folders include carbons of several creative letters to editors. One, to an editor whom I had been wooing for months to subscribe to our three-a-week opinion and feature-column service, included the postscript: *"And Hispanic Link and Charlie Ericksen have the same opinion of you that I do."* That ignited a call from the editor to innocent me, demanding to know whether I really thought she and her newspaper were guilty of all those crimes which Burciaga alleged. (To my amazement, within two weeks after I stammered my response, she subscribed to Hispanic Link -- and the first column she ran was a Burciaga piece.)

As an editor myself, I have regarded Burciaga as untainted by models or literary fashion, as a writer not to be tampered with. He has a message and a style which are unique. Just as decent baseball coaches have known instinctively not to mess with the batting stances or swings of natural hitters like Roberto Clemente or Rod Carew, I have tried to avoid tampering with Burciaga's way of viewing society and describing it.

When I first knew Burciaga -- in California during the '60s and '70s -- I knew him not as a writer of prose, but as an activist artist and poet. Then he was relating the Chicano experience through those media exclusively. He did it with a bite that was the hallmark of a frustrating era.

At the end of 1979, I was gearing up to inaugurate *Hispanic Link News Service* from Washington, D.C., and looking for advocates and writers to contribute their perspective as regular contributing columnists. One of my early calls was to Cecilia

Preciado Burciaga, who qualified on both counts.

Cecilia, presently associate dean of graduate studies at Stanford University, promised to do an occasional piece. But, she added, "If you want someone really great, you ought to talk to my husband, Tony."

At the time, I thought he wrote only in iambic pentameter. He came to the phone at Cecilia's insistence. We talked about his poetry and art. He mentioned a humorous poem he had written about *tortillas*, with some cultural insights blended into the masa, which maybe he could convert to prose.

Tortillas ? With no great expectations on either of our parts, he said he'd send me something.

He did. It was a beautiful piece, laced with history and culture and humor and messages. Naturally, I wanted to change a few words and move a couple parts around. (Editors would be without jobs if we couldn't find something to change.)

Tony didn't particularly like my minor revisions, but Cecilia convinced him that if they didn't improve his piece, at least they didn't do it any great harm.

We ran it, after which *Texas Monthly* asked Burciaga for a longer version. It ran as a cover piece complete with Burciaga illustrations. Some day, Hollywood may make *The Inside and Outside of the Tortilla* into a movie.

Since then, José Antonio Burciaga has been *Hispanic Link's* No. 1 contributing columnist -- both in productivity and loyal readership. He draws on a seemingly endless array of experiences around the world, interacting with people of countless cultures.

What makes him special is his talent to see with the eye of a reporter and write with the pen of an artist. His sentences and

paragraphs can move with poet's cadence. He teases his readers with a carrot and a stick, gently, firmly challenging them to pay attention to a different voice. He makes people -- Latinos and non-Latinos alike -- laugh, even at themselves.

He became so good at it that, the past few years, he has also taken to the stage with a very successful comedy act. He uses the same artistry, never demeaning or underestimating his audience.

If that career continues to blossom, I can only hope that it doesn't get in the way of his love for and devotion to the printed word.

Without surrendering an inch of himself, Burciaga has, through his appeal to a general audience, broken down barriers which newspapers and other media have spent decades building up against the Indo-Hispanic culture. He has caused non-Hispanics to re-examine their values using the bicultural U.S. Latino as the paragon.

Out of sight of his readers, he continues to confront editors who still see Hispanics in negative stereotype. Probably to the detriment of his own writing career, he has put aside the subtleties he employs in his prose to demand that they examine their role in perpetuating such biases.

Sometimes he wins. When he does, we all win. When he doesn't, we are all losers.

--Charlie Ericksen

(Charlie Ericksen, with his wife, Sebastiana Mendoza Ericksen, is founder of Hispanic Link News Service, in Washington, D.C.)

Contents

Tortillas and Tequila

Holidays

Indice

Tortillas y tequila

Días de fiesta

This Side of the Tortilla

The Other Side of the Tortilla

Este lado de la tortilla

El otro lado de la tortilla

Introduction

Reader, this is *Weedee Peepo.*

Weedee Peepo, this is the reader. Introductions aside, the reader and *Weedee Peepo* have a lot in common.

The first essay I wrote was about tortillas, which started me off on a whole series after having written poetry for a number of years. The switch was easy because much of my poetry is documentary, and the prose benefited from the rhythm and humor I used in poetry. The essays were written, for the most part, as articles for more than two hundred newspapers throughout the country that subscribe to *Hispanic Link News Service.*

Many of the original essays were translated by the Cuban writer José Roig for distribution to Spanish-language newspapers. Others were translated and the original translations extensively revised for this volume by Dr. Patricia De La Fuente, General Editor, and Bertha Cavazos of the Pan American University Press, with the technical assistance of Ms. Jacquelyn Lyford, of the Spanish Department, Pan American University, and Dr. Albert De La Fuente.

The essays are directed to a newspaper audience that not only wishes to be informed but also entertained, with the minimum of effort and time. Aware that the majority of my audience would be non-Latino, my efforts have also been didactic. The subjects are at times elementary but I hope to have treated them with a new perspective and humor.

Introducción

Lector, le presento a *Uidi Pipo.*

Uidi Pipo, te presento al lector. Las presentaciones a un lado, el lector y *Uidi Pipo* tienen mucho en común.

El ensayo sobre la tortilla fue el primero que escribí y desde entonces he escrito una serie de ensayos después de haberme dedicado a la poesía durante muchos años. El cambio fue fácil porque mucha de mi poesía es documental. Los ensayos tienen el mismo ritmo y humor de mis poemas y en su mayoría fueron escritos como artículos para más de doscientos periódicos nacionales que suscriben al *Hispanic Link News Service.*

Muchos de los ensayos originales fueron traducidos por el escritor cubano José Roig para los periódicos que publican en español. Otros fueron traducidos y las traducciones originales extensamente revisados para este volumen por la Dra. Patricia De La Fuente, editora, y por Bertha Cavazos, de Pan American University Press, con la asesoría técnica de Jacquelyn Lyford, profesora de español de la misma universidad, y del Dr. Albert De La Fuente.

Estos ensayos están dirigidos al lector de periódicos que desea no solamente informarse sino también entretenerse con un mínimo de esfuerzo y tiempo. Sabiendo que la mayoría de mis lectores no serían Latinos, mis esfuerzos han sido también didácticos. Aunque los temas a veces son sencillos, espero haberlos tratado con humor y una nueva perspectiva.

BURCIAGA '83

Tortillas and Tequila

Tortillas y tequila

May I Introduce Myself?

For those of you who have trouble reading my name, may I
introduce myself anglo-phonetically: *Meh yahmo Ho-say
Aunt-toe-knee-oh Boor-see-agha.* I'm a Mexicanus-Americanus.
Chicanus-Texicanus-Californicus. Male, born in the year of the
Horse, a supposed Virgo and a canine in the Aztec Horoscope.

This thing with my name came to a head recently. I called the
doctor's office to make an appointment for my wife. I was put on
hold five times while the nurses and receptionists played a game of
musical telephones. But I didn't blow my cool until, for the third
time, I was asked to spell my name.

"What?" I yelled, "I've been put on hold five times and now
you're the third person who asks me to spell my name!" I then
went on a wild rampage, realizing I was not going to get anywhere
but at least I was venting my anger. And I did it all in good, clean,
articulate, official English, though I wanted to curse them in
Mexicanese.

What followed was a strong desire to go back home to El Paso
where everybody knows how to pronounce and spell Spanish
surnames and the directory has several Burciagas, only two of
whom are related. It gets tiresome to have to spell your name
every time you mention it: "Excuse me sir, would you please spell
that?" or, "How d'ya spell that?" or "Huh?"

To spell Burciaga out loud is a task in itself: *B* as in boy,
that's right, *B, U, R,* (pause), *C, I, A,* (stands for chicanos in

2

Si me pudiera presentar

Para aquellos de ustedes que tienen dificultad para leer mi nombre, quiero presentarme anglo-fonéticamente: *Meh yahmo Ho-say Aunt-toe-knee-oh Boor-see-agha.* Soy Mexicanus-Ameri-canus, Chi-canus-Texicanus-Californicus, varón, macho, nacido en el año del caballo, se supone Virgo, y conforme al Horóscopo Azteca, soy un canino.

El problema de mi nombre llegó al punto crítico recientemente. Llamé a la oficina del medico para hacerle una cita a mi esposa. Me dejaron esperando cinco veces mientras que las enfermeras y recepcionistas jugaban un juego de teléfonos musicales. Pero no me enfadé hasta que por tercera vez me preguntaron cómo deletrear mi nombre.

"¿Qué?" grité. "Me han hecho esperar cinco veces y ahora usted es la tercera persona que me pregunta cómo deletrear mi nombre!" Entonces comencé un alboroto salvaje sabiendo que no iba a resultar en nada, pero por lo menos podría ventilar mi enfado. Y lo hice todo en un inglés oficial bien articulado aunque quería maldecirles en *mexicano.*

Me sobrevino un fuerte deseo de regresar a mi pueblo de El Paso donde todos saben pronunciar y deletrear apellidos españoles y donde el directorio tiene varios Burciagas, solamente dos de los cuales son emparentados. Es cansador tener que deletrear uno su nombre cada vez que se menciona. "Perdone, señor, ¿me podría deletrear eso por favor?" o "¿Cómo se escribe eso?" o "¿Qué?"

action), *G, A.* No. Not *G, O. G, A.*

I can tell you stories about what I have been called. Perhaps the worst place was in the military where I heard myself called *Barracuda, Burserra, Bursitis,* and other unmentionables. At mailcall I always knew I had a letter coming my way when the Sergeant rattled off, "Smith, Jankowski, García, Ross, ..." and then a silence. I knew he was stuck on my name. It still happens. When I'm in some office, a receptionist always comes to the waiting room and then there's that silence again. I know she is ready to call my name but can't.

Some people want to believe I'm Italian, so they pronounce it *Burchaga.* Others make a game of it: "Wait, don't tell me. Is it *Burr-key-aga?*" Many change it to *Burciago,* with an '*o*' at the end, because they think that since I am male, my name should be masculine and end with an '*o.*'

Recently I had the misfortune of visiting a hospital and a nurse tried pronouncing my name and got as far as the first two letters, "*Boo... Boo.. Boo...*"

"Try it," I challenged her. "Try it."

"*Boor-see-agha?*" she asked.

"Now that wasn't too hard, was it?" I said.

"Why no! It's phonetic!" she said, surprised.

Even my first name gives some people trouble. Anglos aren't the only ones who have problems with it. When I lived in D.C., Blacks had the habit of changing the spelling of my first name to *Hosea,* as in the Rev. Hosea Williams. Though I also have a nickname and an easier second name, I always give the name *José.* Nonetheless, some do ask, "Don't you have another name?" *José*

Deletrear *Burciaga* en voz alta es trabajoso: *B* de *boy,* si, *B, U,*
R, (pausa), *C, I, A* (significa *CHICANOS IN ACTION,* Chicanos en
acción), *G, A.* No. No *G, O,* sino *G, A.*

   Les puedo contar muchas historias de lo que me han llamado.
Quizás el peor fue en el ejército donde me llamaban *Barracuda,*
Bursera, Bursitis y otros disparates. Durante el reparto del
correo, siempre sabía que tenía carta cuando el sargento gritaba:
"Smith, Jankowski, García, Ross......." y luego un largo silencio, y
yo sabía que se había atorado con mi nombre.

   Todavía ocurre. Cuando estoy en alguna oficina, la recepcio-
nista siempre llega al cuarto de espera y .... Oigo otra vez ese
silencio y sé que ella quiere llamarme pero no puede. Algunos
quieren creer que soy italiano y lo pronuncian *Burchaga.* Otros lo
convierten en un juego: "Espera, no me digas. ¿Es *Bur-qui-*
aga ?" Muchos lo cambian a *Burciago,* con una '*o* ' al final porque
creen que como soy varón, mi nombre debe ser masculino y termi-
nar con una '*o.* '

   Un día tuve la desgracia de visitar el hospital donde una enfer-
fermera trató de pronunciar mi nombre y sólo pudo llegar a las
primeras dos letras: "*Bu...Bu...Bu....*"

   "Trate!" le exigí, "Trate!"

   "*¿Boor-see-agha* ?" preguntó.

   "Ahora, ¿eso no fue muy difícil, verdad?" le pregunté.

   "¡Pues no! ¡Es fonético!" dijo sorprendida.

   Incluso mi primer nombre es difícil para algunos. Y los
anglo-sajones no son los únicos que tienen problemas con el
nombre. Cuando vivía en Washington, D.C., los negros siempre
tenían la costumbre de cambiar mi nombre a *Hosea,* como el

sounds *too* Mexican for some All-Americans. I tell them I only
have one handle although I have been called many other names. I'd
rather they learn how to pronounce a name that has been around in
the Southwest a lot longer than Smith, Horowitz or Watkins.

Mispronunciation of Spanish surnames happens all the time,
especially on television and radio. Spanish surnames are
butchered daily at an alarming rate, although it has begun to
happen less on national television and radio. Most massacres
happen on local radio stations by disc jocks who refuse to
understand that the 'J ' in Spanish is similar to Hosea in English.
Or that words with double 'L 's have a 'Y ' sound. Padilla is
pronounced *Padiya* not *Padila*. Amarillo is *Amariyo* not
Ama-ree-low.

In Northern California there's a town called Vallejo, named
after Mariano Guadalupe Vallejo, the first European settler of
Northern California. Everyone, without exception pronounces it
Vah-lay-ho. Mariano Guadalupe Vallejo is not only turning in his
grave; he must be spinning.

Consider the fact that over forty percent of the towns in the
Southwest have Spanish names and are probably mispronounced
eighty percent of the time. This all boils down to the basics in
education. Spanish is the most phonetic of languages; with very
few exceptions, vowel sounds always remain constant: *A, E, I, O,
U; AH, EH, EE, OH, OO.*   My mother used to reinforce this concept
with a traditional verse: *A-E-I-O-U, El burro sabe más que tú*
(The donkey knows more than you).

My hope is that the educational system will stress the basic
foundation of phonetics so that my children won't have to be put on

Reverendo Hosea Williams. Aunque tengo un segundo nombre, y
también sobrenombre, siempre me llamo *José.* Sin embargo,
algunos me preguntan, "¿No tienes otro nombre?" Debe ser que
José suena muy mexicano para algunos anglo-americanos. Les
digo que solamente tengo uno aunque a veces me han llamado por
otros nombres. Prefiero que aprendan a pronunciar un nombre
que ha existido en el suroeste mucho más tiempo que Smith,
Horowitz o Watkins.

Pronunciaciones incorrectas de los apellidos en español
suceden con frecuencia, especialmente en la televisión y la radio.
Diariamente los apellidos en español son masacrados impunemente,
aunque esto ocurre menos en las estaciones nacionales. La mayoría
de los masacres ocurren en las estaciones locales por locutores que
no entienden que la '*J*' en español se pronuncia tal como la '*H*' en
el nombre inglés Hosea. O que las palabras con doble '*L*' se pronuncian como la '*Y.*' El nombre Padilla se pronuncia *Padiya* no
Padila. El pueblo Amarillo se pronuncia *Amariyo* y no *Amarilo.*

En el norte de California hay un pueblo llamado Vallejo, en
honor a Mariano Guadalupe Vallejo, el primer poblador europeo del
norte de California. Todos, sin excepción, lo pronuncian *Va-ley-
ho.* Mariano Guadalupe Vallejo no solamente ha de estar inquieto
en su sepultura, sino que ha de estar retorciéndose también.

Más del cuarenta por ciento de los pueblos en el suroeste
tienen nombres en español que se pronuncian incorrectamente el
ochenta por ciento del tiempo. Esto demuestra una falla en lo más
básico de la educación. El español es uno de los idiomas más foné-
ticos; con muy pocas excepciones, los sonidos de los vocales son
constantes: *A, E, I, O, U.* Mi madre acostumbraba reforzar este

hold, have to spell their names all their lives, or have to guess if
and when they are going to be called.

----

concepto con el verso tradicional de *A-E-I-O-U, El burro sabe más que tú.*

Mi única esperanza es que el sistema educacional le dé importancia a la fonología básica para que mis hijos no tengan que deletrear sus nombres toda la vida o adivinar cuando se les va a llamar.

José Antonio Burciaga

School Daze

I can remember 1949 and the third grade in El Paso where I
was one of the *Mexican children.* Down to the tiniest details
we were different and we knew it. Many of us were proud of it.

I would sit in the school yard eating a *burrito de chorizo con
huevo* (Mexican sausage and egg) that stained my brown lunch bag
and khaki pants. Across the way, a girl named Suzy would open her
Roy Rogers lunch box and remove a peanut butter and jelly
sandwich.

The Anglo-Saxon nuns understood Suzy pretty well, but our
culture and its language, was a mystery to them. So was theirs to
us: Dick and Jane, their two-story house, a father with a coat and
tie, and Spot, who barked in English, *Bow Wow* ! My dogs always
barked in Spanish, ¡*Guau, Guau* !

I remember the teacher yelling at Memo to tuck his shirt
inside his trousers. The shirt was a *guayabera*, a popular tropical
shirt. Memo did as he was told, but he was furious. The rest of
us laughed because he looked so funny with his *guayabera* stuffed
into his pants.

I would sit in class and gaze out the window at a store across
the street. It had a sign that read, *English Spoken Here - Se habla
inglés.* Other stores had signs that read, *Se habla español.* But in
our Catholic grade school the eleventh commandment was, *Thou
shalt not speak Spanish.* When we were caught speaking that
forbidden *foreign* tongue, it was either a swatting, staying after

10

Mareo escolar

Me acuerdo de mi tercer grado en El Paso, Texas, en 1949. Yo era uno de los *niños mexicanos*. Eramos diferentes. . . y lo sabíamos. Muchos nos sentíamos orgullosos.

Me sentaba en el parque de la escuela para comerme mi burrito de chorizo con huevo, el cual manchaba la bolsa de papel y mis pantalones de caqui. Frente a mi se sentaba una niña llamada Susy quien sacaba su sandwich de mantequilla de cacahuete con jalea de su lonchera *Roy Rogers*.

Las monjas anglo-sajonas entendían muy bien a Susy, pero nuestra cultura y nuestra lengua era un misterio para ellas. Lo mismo era la de ellas para nosotros: *Dick y Jane* tenían una casa de dos pisos, su papá se vestía con saco y corbata y hasta su perro *Spot* ladraba en inglés: ¡*Bow Wow*! Mis perros siempre ladraron en español: ¡*Guau, Guau*!

Me acuerdo que la maestra siempre le gritaba a Memo que se metiera la camisa en los pantalones. La camisa era una guayabera. Memo obedecía, pero se ponía furioso. Nos reíamos de él, porque se veía muy chistoso con su guayabera metida en los pantalones.

Me sentaba en la clase y veía, por la ventana, la tienda de enfrente. Tenía un letrero que decía *English Spoken Here - Se habla inglés*. Otras tiendas decían *Se habla español*. Pero en nuestra escuela católica, el undécimo mandamiento era: *No hablarás español*. Cuando nos descubrían hablando la lengua *extranjera* prohibida, nos castigaban después de clase, o nos

11

school, or writing, *I will not speak Spanish* one-hundred times.

Pifas, my brother, could hold three pencils in his hand at once and finish his punishment in record time:

> *I will not speak Spanish.*
> *I will not speak Spanish.*
> *I will not speak Spanish.*

Our music teacher, who also taught us Latin, told us that the Spanish language did not allow us to exercise our facial muscles sufficiently. That's why old Mexicans had so many lines on their faces, she explained. I later decided that in those days many Mexicans died of old age rather than succumbing to American maladies such as cancer, ulcers, or heart attacks.

We never did surrender our second language skill, and in high school we were sometimes actually called upon to use it. When the school staff needed a translator to communicate with a brand new student from México, and the janitor and kitchen workers were all busy, we were invited to serve.

Although the new arrival had usually studied some English, he still went into shock when required to use it in class for the first time. He would always answer, *Whatchusay* ? Then one of us would inevitably whisper a wrong transalation of the teacher's question. We would tell him in Spanish. *Brother Amedy wants to see your passport.* Being a courteous and proper student, the new boy would strut up to the front and hand the perplexed Brother Amedy his immigration papers.

That wasn't as funny as when the principal, Brother Raphael, warned us that if he ever caught the young man named *P-U-T-O* who was writing his name all over the bathroom walls,

ponían a escribir cien veces *I will not speak Spanish.*

Mi hermano Pifas podía escribir con tres lápices a la vez y era el más rápido para cumplir el castigo.

> *I will not speak Spanish.*
> *I will not speak Spanish.*
> *I will not speak Spanish.*

La maestra de música, quien también nos enseñaba latín, nos decía que no ejercitábamos bien los músculos faciales cuando hablábamos español. Nos explicaba que ésa era la razón por la cual los mexicanos viejos tenían tantas arrugas. Se me ocurrió que en los tiempos de antes los mexicanos vivían largos años en lugar de sucumbir a las enfermedades estadounidenses como cáncer, úlceras o ataques cardíacos.

Nunca perdimos la habilidad de hablar nuestra segunda lengua. En la secundaria a veces nos llamaban a interpretar para algún estudiante nuevo que venía de México cuando el concerje o la cocinera estaban ocupados.

Aunque el recién llegado normalmente había estudiado inglés, hablarlo en clase por primera vez lo aturdía.

A todo contestaba ¿*Wachusei*? (¿Qué dices?). Entonces alguno de nosotros inevitablemente le daba la traducción errónea de la pregunta del maestro. Le zuzurrábamos en español: *El hermano Amedy quiere ver tu pasaporte.* Como estudiante cortés, él le entregaba sus papeles de inmigración al hermano Amedy quien se quedaba perplejo.

Pero más chistoso todavía fue cuando el Director, el hermano Raphael, nos advirtió que iba a colgar al joven llamado *P-U-T-O,* por escribir su nombre en todas las paredes del baño.

he would hang him. That word is akin to Kilroy, but with a less
innocent meaning.

Ninety-five percent of the student body was Mexican-
American, but we were all the Cathedral High School Fighting
I-rich. We would cheer our football teams in Spanish, Spanglish,
and accented English, to the tune of Notre Dame's fight song. But to
no avail, the school still holds the record for consecutive games
lost.

The many words that were invented by Chicano students in that
bi-cultural border setting now fill dictionaries of Caló. Some have
even crept back into the interior of México, much to that country's
disgust.

Today, young Cuban Americans are reinventing some of the
Spanglish words that Chicano children created years ago in Texas.

Meanwhile, the United States is the fourth largest among
Spanish-speaking countries in the world, but we have yet to seat a
member in the International Royal Academy of Spanish Language.
Tan, tán.

El noventa y cinco por ciento de los estudiantes éramos méxico-americanos, pero en la Cathedral High School éramos todos irlandeses. Echábamos porras a nuestro equipo de fútbol al son de la canción de batalla de la Universidad de Notre Dame, en español, en espanglish y en inglés con acento. Pero no sirvió de nada; la escuela todavía mantiene el record de partidos perdidos.

Todas aquellas palabras que inventamos nosotros los estudiantes chicanos de la frontera, ahora forman parte de los diccionarios de caló. Algunas han llegado hasta el interior de México, a pesar del disgusto de ese país.

Los jóvenes cubano-americanos están ahora reinventando algunas palabras en *espanglish* que los chicanos crearon hace años en Texas.

Aunque los Estados Unidos es el cuarto país hispanohablante en el mundo, todavía no tenemos un miembro en la Real Academia Internacional de la Lengua Española. Tan, tán.

José Antonio Burciaga

E.T. and Me

My six-year-old, Toño, finally convinced me to see *E.T.* The movie left an impression on me that few others have.

First, let me explain that I couldn't relate at all to the upper middle-class Anglo kids who found E.T. behind their comfortable home. They ate too well, threw away candy and wouldn't eat a pizza because it had been turned upside down in its box. The materialism throughout the house and in their trash cans was disturbing.

But I did relate to E.T., the funny little creature from outer space. Physically, we are not all that similar. We are both shorter than the leading human being in the movie. Based on my knowledge of E.T. and *Star Wars* ' R2D2, however, at five-foot-six, I would be considered tall on most other planets.

E.T.'s nose is upturned. It exposes his nostrils for the world to see. I like to think that mine is a rather handsome nose, much like the nose of Tlaloc, the Aztec rain god.

E.T.'s skin is green. Mine turns green only after a night of drinking tequila. A bowl of red-hot *menudo* usually brings back my normal color, white. Yes, I'm white, not brown. I'm the white sheep of my family. But my face is spared from being lily-white by the sun, eating lots of chile, and by character marks such as acne, accident and actual fight scars, much like Richard Burton's character marks.

E.T. and the other movie star aliens from outer space do have a lot in common with me and other Indo-Hispanics, however,

16

E.T. y yo

Mi hijo de seis años me convenció por fin que viera *E.T.* Esa
    película me impresionó, algo que pocas otras han hecho.
Para empezar, no pude identificarme con esos niños anglos de clase
media que encontraron a E.T. detrás de su casa confortable. Esos
niños comían muy bien, tiraban dulces, y rechazaban pizza
simplemente porque se había volteado en la caja. El materialismo
que se veía por toda la casa y en los tachos de basura me molestaba.

Pero sí pude identificarme con E.T., esa creatura curiosa del
espacio. Físicamente, no nos parecemos, aunque los dos somos más
bajos que el protagonista de la película. Pero, de acuerdo con mi
información sobre E.T. y el R2D2 de *Star Wars*, a cinco pies, seis
pulgadas, me considerarían alto en otros planetas.

La nariz de E.T. está volteada hacia arriba revelando las fosas
nasales a todo el mundo. Yo prefiero pensar que la mía es una nariz
guapa, algo como la nariz de Tlaloc, el dios azteca de la lluvia.

La piel de E.T. es verde. La mía se vuelve de ese color únicamente después de una noche de tomar tequila. Un plato de menudo
caliente me devuelve mi color normal, el blanco. Sí, soy blanco,
no moreno. Soy la oveja blanca de mi familia. Pero mi cara no es
de un blanco lirio debido al sol, a la gran cantidad de chile que como
y a las marcas distintivas, como por ejemplo el acné, los
accidentes y las cicatrices de las peleas, igual que las marcas
distintivas de Richard Burton.

E.T. y otras estrellas cinematográficas del espacio exterior

including illegal aliens. All use non-traditional modes of transportation to get here. E.T. had his spaceship. I know of other illegal aliens who arrived in the trunks of automobiles, on water-wings, in railroad refrigeration cars or who were catapulted over the fence by friends using a teeter-totter-like contraption. They come in everything but adobe airplanes. Generally, at first, all speak with an accent. And all show great ingenuity in avoiding uniformed bureaucrats.

The impression E.T. made on the kids in the movie reminded me of the impression I've made on people confronting a Chicano for the first time.

My earliest encounter was at a swimming pool not normally frequented by Mexican-American kids. Three blond boys studied me from a distance before finally coming over to ask me if I was a *pachuco*. (You can only tell a *pachuco* by his style of dress or talk, not by swimming attire.) I said no, but they didn't believe me. They ran away yelling, "A *pachuco*! A *pachuco*!"

When I was serving in the U.S. Air Force in Europe, a young British lady was disappointed because I wasn't wearing a *sombrero*. Then there was the Icelandic gentleman in Reykjavik who demanded to know what tribe I belonged to. Rather than disappoint his fascination with my physiognomy, I told him I was Aztec.

This fascination with people who do not look like *everyone else* is universal. A round-eyed, freckle-faced, red-haired Anglo or a brown-skinned, Mayan-featured Mexican would get the same reaction in Beijing.

But the only aliens most United Staters seem to like are extra-

tienen mucho en común conmigo y con otros indo-hispanos,
incluyendo a los extranjeros ilegales. Todos ellos emplean
métodos de transporte fuera de lo común para llegar hasta aquí.
E.T. tenía su nave espacial. Conozco a otros extranjeros ilegales
que llegaron en los compartimientos de equipajes de los
automóviles, en flotadores, en vagones-refrigerados de
ferrocarril, o que fueron lanzados por encima de la cerca
fronteriza por los amigos, utilizando un aparato semejante a una
catapulta. Vienen en cualquier cosa, menos en aviones de adobe.
Al principio, todos hablan con algún acento y muestran una gran
habilidad para evitar los encuentros con burócratas uniformados.
La impresión que hizo el Extra-Terrestre sobre aquellos chicos
anglo-americanos en la película me hizo acordar de la que hice yo
sobre algunos que se enfrentaban por primera vez con un chicano.

Mi primer encuentro de esa clase ocurrió en una piscina poco
frecuentada por chicos méxico-americanos. Tres muchachos
rubios me estudiaron desde cierta distancia antes de acercarse para
preguntarme si yo era un *pachuco.* (Un *pachuco* se distingue
únicamente por su modo de vestir o de hablar, no por su traje de
baño). Dije que no, pero no me creyeron. Salieron corriendo y
gritando: ¡Un *pachuco* ! ¡Un *pachuco* !

Cuando yo prestaba servicios en la Fuerza Aérea de los Estados
Unidos en Europa, una joven británica se mostró muy desilusio-
nada porque yo no usaba ni sombrero ni zarape. Había un señor
islandés en Reykjavik que quería saber a qué tribu pertenecía yo.
Antes de desilusionar a su fascinación con mi fisionomía, le dije
que yo era azteca.

Esta fascinación con las personas que no son como *todos los*

terrestrials. The caresses E.T. received at the end of the movie hopefully carried the message to the audience that dark skin is just as soft, smooth and sensuous as white skin.

The kinship we Indo-Hispanics feel for outerspace beings is real. After watching *Star Wars,* José Montoya, artist, poet and *general* of the Royal Chicano Air Force, a successful California cultural group, went so far as to give Chewbacca and R2D2 new Spanish identities: *Chuy Baca* and *Arturito.*

But our bond with extraterrestrials may be fleeting. It has happened in Hollywood already: Aliens from outer space are taking the best jobs from us patriotic Indo-Hispanic Americans.

Who knows where it'll happen next?

----

demás es universal. Un anglo-americano de ojos redondos, pecoso
y de cabello rojo, o un mexicano de piel morena, con características mayas, producirían la misma reacción en Beijing.

Pero los únicos extranjeros que son populares en los Estados
Unidos son los que proceden del espacio exterior. Es de esperar que
las caricias que E.T. recibió al final de la película hayan mostrado
al público que la piel obscura es tan suave, tiesa y sensual como la
piel blanca.

La familiaridad que sentimos los indo-hispanos por los seres
del espacio exterior es verdadera. Después de haber visto la
película *Guerras de las estrellas,* José Montoya, artista, poeta y
general de la Real Fuerza Aérea Chicana, un grupo cultural popular
de California, llegó a darles a Chewbacca y a R2D2 nuevas
identidades hispanas: *Chuy Baca* y *Arturito.*

Pero nuestros lazos con los seres del espacio podrían ser
efímeros. Ya ha ocurrido en Hollywood; los extranjeros del espacio
nos están quitando los mejores empleos a nosotros, los patrióticos
hispano-amercanos.

¿Quién sabe lo que ocurrirá de aquí para adelante?

Tio Pancho and the Margarita

We are probably the only family in the world that has a taboo on one of the most popular mixed drinks, the *Margarita.* When my aunts, uncles and cousins get together in Juárez or El Paso and my Aunt Bibi is present, no one, out of respect, drinks *Margaritas*, or much less mentions the name. My Aunt Bibi, you see, was married to Francisco Morales, the man who invented the *Margarita.* They were divorced many years ago, and by coincidence he married a girl named Margarita.

I went to visit *tío* Francisco a couple of years ago. He was working as a milkman in El Paso and getting up at four in the morning. He used to be a well-known bartender. Some say, *The best in México*, and is credited with having invented other drinks, such as the *Conga Cooler*, the *Pancho López* and the *Viejito.*

"Fourth of July, 1942," he recalled. "It's so vivid in my mind. A woman came into *Tommy's Place* there in Juárez one afternoon and asked for a *Magnolia.* It was a popular ladies' drink in those days, but I forgot what it contained. I knew it had Cointreau, lime and ice, but couldn't remember what kind of liquor. So I used tequila."

"'This isn't a *Magnolia* but it's very good,' she told me. 'What is it called' There was already a drink named the *Texas Daisy,* so I thought the translation for daisy would be appropriate. 'Oh, I'm sorry. I thought you had asked for a *Margarita.*' I lied to keep my professional pride." And so the *Margarita* was born.

22

Tío Pancho y la Margarita

Nosotros somos la única familia del mundo que tiene un tabú contra una de las bebidas mezcladas más populares, la *Margarita* . Cuando mis tías, tíos y primos se reúnen en Juárez o en El Paso y mi tía Bibi está presente, por respeto a ella, nadie toma *Margaritas.*

Lo que pasa es que mi tía Bibi estaba casada con Francisco Morales, el hombre que inventó la *Margarita.* Se divorciaron hace muchos años y, por coincidencia, él volvió a casarse con una mujer llamada *Margarita.*

Hace unos años fui a visitar a tío Francisco. Estaba trabajando como lechero en El Paso y se levantaba a las cuatro de la mañana. Había sido un cantinero bien conocido. Algunos dicen el mejor de México. Se le acredita el haber inventado muchas otras bebidas, tales como la *Conga Cooler*, el *Pancho López* y el *Viejito.*

"El 4 de julio de1942," dijo, "está muy presente en mi mente. Una señora entró a *Tommy's Place* allá en Juárez una tarde y pidió una *Magnolia*. Era una bebida popular entre las damas en aquellos días, pero se me olvidó lo que contenía. Sabía que tenía Cointreau, lima y hielo, pero no recordaba que clase de licor. De modo que usé tequila."

"'Esto no es una *Magnolia*, pero está muy bueno,' me dijo. '¿Cómo se llama?' Ya había una bebida llamada *Texas Daisy*, así es que pensé que la traducción de *daisy* sería apropiada. 'Oh, lo siento, creí que había pedido una *Margarita.*,' mentí por orgullo

23

My uncle Pancho, who was only twenty-four at the time, continued to serve *Margaritas* to the Fort Bliss soldiers who crowded into *Tommy's Place* and demanded all kinds of cocktails during the Second World War. He invented many drinks in honor of various girlfriends or fighter planes, such as the *P-38.*

The first *Margarita* was served from a shaker into a six-ounce champagne glass. It was not filled to the brim. This is in very bad taste, my uncle says. The ingredients were: 4/5 tequila, 1/5 Cointreau, half a lime, and chipped ice. Because that was too strong, it was soon modified to 2/3 tequila, 1/3 Cointreau, and half a lime with chipped ice. Nowadays, most people use Triple Sec instead of Cointreau. Both are made from fermented orange peels.

There was a popular drink then called the *Sidecar* that had a half moon of sugar on the rim of the glass. Since tequila goes with salt and lime, my tío Pancho decided to wet the outer rim of the glass with a lime and sprinkle a full moon of salt. He is revolted when bartenders bury the whole rim of the glass in a dish of salt. Another modern bad habit is the use of shaved ice, he says. "It dilutes the liquor too much. You lose the bouquet."

Eventually, after his invention and divorce, my *tío* met his present wife, Margarita. When they were courting, he told her, "I'm a bartender, not a poet, so I named a drink after you."

After moving to the United States, *tío* Pancho entered a Tequila Sauza mixed-drink contest for bartenders who belonged to a union. He sent them his *Margarita* recipe but was disqualified because the contest was for Mexican residents only. Now Tequila Sauza representatives come to exhibit at the National Juárez Trade Fair

profesional." Y así nació la *Margarita.*

Mi tío Pancho, que entonces tenía solamente veinticuatro años, continuó sirviendo la *Margarita* durante la Segunda Guerra Mundial y los soldados de Fort Bliss se apretujaban en *Tommy's Place* y pedían toda clase de cocteles. Inventó muchos otros en honor de las novias de los soldados o de sus aviones de combate, tales como el *P-38.*

La primera *Margarita* se servía en un vaso de champán de seis onzas. No se llenaba hasta el borde. Esto es de muy mal gusto, según mi tío Pancho. Los ingredientes eran: 4/5 de tequila, 1/5 de Cointreau, media lima y hielo picado. Por ser demasiado potente, pronto se le cambió a 2/3 de tequila, 1/3 de Cointreau y la mitad de una lima con hielo desmenuzado. Hoy en día, la mayoría de la gente usa Triple Sec en vez de Cointreau. Ambos licores se hacen con cáscaras de naranjas fermentadas.

En aquel entonces había una bebida popular llamada *Sidecar* que llevaba una media luna de azucar en el borde del vaso. Ya que la tequila va bien con la sal y la lima, mi tío decidió humedecer el borde del vaso con una lima y espolvorearlo con una luna llena de sal. Se espanta cuando los cantineros supultan todo el borde del vaso en una fuente de sal. Según él, otra pésima costumbre moderna es el uso de hielo rallado. "Diluye el licor demasiado," dice, "y se pierde el aroma."

Con el tiempo, después de su invención y de su divorcio, mi tío conoció a su segunda esposa, Margarita. Cuando estaban de novios, le dijo, "Soy cantinero, no poeta, de modo que le puse tu nombre a una bebida."

Después de trasladarse a los Estados Unidos, tío Pancho se

every year, and they always invite him to have a drink. Remembering the disqualification, he orders a Scotch.

He showed me a copy of National Geographic magazine where Margarita Sauza is asked if the *Margarita* was named in her honor. She answers no, and says it was invented by a man in Northern México.

When my wife and I were in El Paso recently, we did not see my uncle but we visited my aunt Bibi and went shopping with her in Juárez. While the women bought groceries, I chose three bottles of liquor, including one of *Margarita.* But as I walked towards the checkout with my purchases, I suddenly remembered the taboo. I put the *Margarita* back on the shelf and made another choice.

----

inscribió en un concurso de bebidas mezcladas organizadas por Tequila Sauza para cantineros miembros de un sindicato. Les envió su receta para la *Margarita,* pero fue descalificado porque el concurso era sólo para residentes de México. Los representantes de la Tequila Sauza vienen todos los años a las exhibiciones de la Feria Nacional de Comercio de Juárez y siempre lo invitan a tomar un trago. Pero él, acordándose de la descalificación, pide un *scotch.*

Me enseñó un ejemplar de la revista de la *Sociedad Geográfica Nacional* donde se le preguntaba a la Sra. Margarita Sauza si la *Margarita* fue nombrada en honor de ella. La Sra. Sauza contesta que no, que el que la inventó fue un hombre del norte de México.

Cuando mi esposa y yo fuimos a El Paso a principios de este año, no vi a mi tío, pero visitamos a mi tía Bibi y fuimos de compras a Juárez con ella. Mientras las mujeres compraban alimentos, escogí tres botellas de licor, incluyendo una de *Margarita.* Iba en dirección a la salida con mis compras cuando me acordé del tabú. La puse de vuelta en el estante y seleccioné otra cosa.

José Antonio Burciaga

Chicano Terms of Endearment

When I was growing up in *El Chuko*, better known as El Paso, everybody, every place and everything had a nickname. My brother was *Pifas*, our friends were *Chuma, Big Del, Papo, Dos Equis, Mantenido, Rana* and so on.

We went to *La Cate* instead of Cathedral High School or *La High* instead of El Paso High. We crossed the border to *JC, Juarílez,* or *Juaritos* but never Juárez. A bowl of chile was a *comunista* because it was red. We called chile *chilorio*. Tortillas were called *blankets*.

Mexicans, Chicanos and other Latinos have always had a special affinity for nicknames. It must be a tradition acquired from our indigenous ancestors who appropriately named persons, places or things in relation to their reality and environment. José, Gloria and James may be nice handles but they seem generic when compared to *Chufas, Big Del* or *Macana*.

Spanish and Mexican history is also filled with famous nick-names, from *El Manco de Lepanto* alias Cervantes, to *Tin-Tán, Cantinflas* and *El Piporro*.

Back home there was always a reason to assign someone a nickname. For example, Henry Jiménez liked to hang out with the *batos,* carrying on and shuffling his feet instead of helping his working parents. His father would get angry and call him *Mantenido* (one who lives off someone else's earnings). So we began calling him *Mantenido* and eventually shortened it to a more

28

Palabras cariñosas chicanas

Durante mi niñez en *El Chuko,* más conocido por El Paso, todas las personas, los lugares, y las cosas tenían un sobrenombre. Mi hermano era *Pifas,* y nuestros amigos eran *Chuma, El Gran Del, Papo, Dos Equis, Mantenido, Rana* y así por el estilo.

Asistíamos a *la cate* en vez de la Catedral, y a *la high* en lugar de la Escuela Secundaria de El Paso. Atravesábamos la frontera hacia *JC, Juarílez* o *Juaritos,* pero nunca Juárez. Un tazón de chile era un *comunista,* porque era rojo; llamábamos *chilorio* al chile, y a las tortillas les decíamos *mantas.*

Los mexicanos, chicanos y demás latinos han tenido siempre una afinidad especial para los sobrenombres. Debe ser una tradición adquirida de nuestros antepasados indígenas, que nombraban a las personas, los lugares o las cosas de acuerdo con su realidad y ambiente. José, Gloria y James son nombres agradables, pero lucen genéricos en comparación con *Chufas, Big Del* o *Macana.*

Las historias de España y de México están también llenas de sobrenombres famosos, desde *El Manco de Lepanto,* mejor conocido por Cervantes, hasta *Tin-Tán, Cantiflas,* y *El Piporro.*

En mi pueblo siempre había una razón para asignarle un sobrenombre a alguien. Por ejemplo, a Henry Jiménez le gustaba reunirse con los *batos,* pasando el tiempo y arrastrándose los pies en vez de ayudar a sus padres quienes trabajaban. Su padre se enojaba y le llamaba *Mantenido* (ya que vivía de las ganancias de

respectable *Monty.* The girls always throught he had an amusing
name until it was translated for them.

Monty got another nickname. One day, over a pitcher of beer,
he was lamenting how his last name, Jiménez, was going to hold
him back from success. "Had my name been *Horowitz...,*" he
sighed. So, naturally, we began calling him *Horowitz.*

Fernando was another friend who had more than one nickname.
Long before the beer of the same name was imported into the
United States, we were calling him *Dos Equis* (two Xs) or just
plain *XX,* because he was getting married for the second time. He
had married too young, divorced too young and at a still young age
he was planning a second marriage.

Dos Equis also acquired a second nickname when he set up a
fumigating business in El Paso. He became known as *Matacucas,*
the cockroach killer.

Some nicknames were given by the family. Such was the
case with *Muggins,* whose real name was Armando but some
people called him *Mogeens. Papo* was another. Ray didn't
particularly like the nickname his family had given him. When we
found out, he was mortified. But last time I saw him, he
introduced me to his son *Papo ,* and gave me a challenging look.

Chuma was given that name because he began using a football
helmet chinstrap that had *CHUMA* emblazoned across it. We also
called him *Shubert* even though he was not at all musically inclined. *Uva* (grape) loved to drink wine. Rudy, we called *Rabbit,*
César we called *Calixtro,* and René we called *Rana* (frog).

Savage was more appropriate than Reyes Moreno ever was.
In college, *Savage* could crush a glass or a thick glass ashtray or

otro). De modo que empezamos también a llamarle *Mantenido* y con el tiempo, lo acortamos al más respetable *Monty*. Las chicas siempre pensaban que era un nombre estupendo, hasta que se enteraban de su origen.

Monty recibió otro sobrenombre. Un día, mientras tomábamos una jarra de cerveza, Monty se lamentaba de que su apellido, Jiménez, le impediría salir adelante. "Si mi apellido hubiera sido *Horowitz*," suspiró. De modo que empezamos a llamarle *Horowitz*.

Fernando era otro amigo que tenía más de un sobrenombre. Mucho antes de que se importara la cerveza del mismo nombre, ya le llamábamos *Dos Equis,* o sólo *XX,* porque iba a casarse por segunda vez. Se había casado muy joven y se había divorciado también a una edad temprana, y aun todavía joven, estaba planeando un segundo matrimonio.

Dos Equis recibió también un segundo sobrenombre cuando estableció un negocio de fumigación en El Paso. Llegó a conocerse por *Matacucas,* el que mata cucarachas.

Algunos sobrenombres los asignaban la familia. Tal era el caso de *Muggins,* cuyo nombre verdadero era Armando, aunque algunos le llamaban *Mogins. Papo* era otro. A Ray no le gustaba mucho el sobrenombre que su familia le había dado, pero cuando nos enteramos, se molestó más todavía. Sin embargo, la última vez que lo vi, me presentó a su hijo *Papo,* dirigiéndome una mirada retadora.

A *Chuma* se le dio ese sobrenombre porque empezó a llevar un casco de fútbol con una banda que decía *CHUMA* en relieve. También le llamábamos *Shubert* aunque no sabía nada de música. A *Uva* le gustaba el vino. A Rudy le llamábamos *Conejo,* a César le decíamos

eat through a four-by-four wooden stopsign with his bare teeth in record time.

The de la Vega brothers became known as *Big Del* and *Little Del*. *Big Del* was also called *Big Deal* ; *Little Del* was called *Araña* (spider). The Davis brothers were dark complexioned Chicano twins. One was a shade darker than the other so one was called *Día* and the other *Noche.*

My brother Efraín was popular enough to have four nick-names: *Pifas, Judas, Chapanecas,* or just plain *Chapo,* which is short for short. I only rated one, *Tónico.*

Nicknames abound wherever Latinos live. In South Texas there lives a man they call *Once*, eleven, because as a child he constantly had a runny nose. He has a brother they call *Doce*, twelve. There are a couple of Chicano poets who are better known by their nicknames: Raúl Salinas alias *Tapón* (plug) and Reimundo Pérez alias *Tigre.* And of course everyone knows who *Manos de Piedra* is, or was. And the best pitcher around is *Toro,* alias Fernando Valenzuela.

Nicknames for women are not as common as they are for men. There has always been more respect shown for them.

Despite their sometimes teasing nature, nicknames in Latino cultures have always been terms of endearment. For in how many other cultures can you call a loved one *Negrito, Gordo or Flaca* ? *Blacky, Fatty, or Skinny* ?

El nombre *El Salvaje* era más apropiado que Reyes Moreno. En la escuela superior, *El Salvaje* podía romper un vaso o un cenicero de vidrio grueso, o bien comerse un letrero de *ALTO* de madera con sólo sus dientes, en tiempo record.

Los hermanos de la Vega llegaron a ser conocidos por *Big Del* y *Little Del*. A *Big Del* se le llamaba también *Big Deal* (Gran Cosa) y a *Little Del* se le dio el sobrenombre de *Araña*. Los hermanos Davis eran gemelos chicanos de tez obscura. Uno de ellos era algo más obscuro que el otro, de modo que a uno le llamaban *Día* y al otro *Noche*.

Mi hermano Efraín fue tan popular que tenía cuatro sobrenombres: *Pifas, Judas, Chapanecas* o simplemente *Chapo.* Yo sólo tuve uno: *Tónico*.

Los sobrenombres abundan entre los latinos. En el sur de Tejas vive un hombre a quien llaman *Once* porque cuando era niño constantemente tenía secreciones por las dos fosas nasales. Tenía un hermano a quién le pusieron *Doce.* Hay dos poetas chicanos, quienes se conocen mejor por sus sobrenombres: *Tapón,* alias Raúl Salinas, y *Tigre*, alias Reimundo Pérez. Y desde luego, todos saben quien es o era *Manos de Piedra.* El mejor lanzador que hay es *El Toro,* conocido también por Fernando Valenzuela.

El uso de sobrenombres femeninos no es tan común como los masculinos. Siempre ha habido más respeto para las mujeres.

A pesar de su naturaleza a veces burlona, los sobrenombres en las culturas latinas han sido siempre palabras afectuosas. Por ejemplo, ¿en cuántas otras culturas puede uno llamarle *Negrito* a un ser querido, o bien *Gordo,* o *Flaca* ?

Mineral Wells, Texas -1968

The place where I used to work is being seriously considered as an alien detention center. But the residents of Mineral Wells, Texas are bitterly opposed. They are vowing to start a recall petition against those city council members who voted for it.

The place used to be called Fort Wolters. It was the U.S. Army Primary Helicopter Training Center. An hour's drive from Fort Worth, it is located just outside Mineral Wells. Thousands of U.S. and South Vietnamese army recruits learned to fly the basic sky chopper at Fort Wolters. When I was there, I never heard any of the eleven thousand plus Mineral Wells residents complain about the war or the army base. Fort Wolters was good for the local economy and Mineral Wells was a bastion of my-country-right-or-wrong patriotism.

The current controversy over the proposed alien detention center brings back sweet and sour memories of the sixteen months I lived in Mineral Wells and worked at Fort Wolters.

I arrived there in 1968 to work as a civil service illustrator. From day one, finding a place to sleep was a problem. The first night, the clerk at the Holiday Inn advised me there were no rooms left, he had just forgotten to turn on the *No Vacancy* sign. With a full parking lot and the Vietnam War bringing in plenty of business to Fort Wolters, this was not inconceivable.

As I walked away, the clerk mumbled that there were a couple of rooms for eighteen dollars and probably too much for me.

34

Mineral Wells, Texas - 1968

El lugar donde yo trabajaba se está considerando seriamente como un centro de detención para extranjeros. Pero los residentes de Mineral Wells, Texas, se oponen ágriamente. Piensan iniciar una petición contra los concejales que votaron a favor del centro.

El lugar se llamaba Fort Wolters. Era el Centro Primario para Adiestramiento de Helicópteros del Ejército. A una hora de camino de Fort Worth, está situado en las afueras de Mineral Wells. Millares de reclutas de los ejércitos estadounidense y vietnamita aprendieron a volar el helicóptero en Fort Wolters. Cuando yo estaba allí, nunca oí a ninguno de los residentes de Mineral Wells, que eran más de once mil, quejarse de la guerra o de la base militar. Fort Wolters era bueno para la economía local y Mineral Wells era un baluarte de patriotismo.

La controversia actual, a raíz del proyectado centro de detención para extranjeros, trae recuerdos dulces y amargos de los dieciséis meses que viví en Mineral Wells y trabajé en Fort Wolters.

Llegué en 1968 para trabajar como ilustrador de libros del servicio civil. Desde el primer día, hallar alojamiento fue un problema. La primera noche, el empleado del Holiday Inn me dijo que no quedaban cuartos vacíos, y que a él se le había olvidado prender el letrero que decía *Completo.* Con el aparcamiento lleno y la guerra del Vietnam produciendo tanto negocio para Fort Wolters,

35

Exhausted after my three-day drive from California, I turned
around and said yes, I'd take one. He was surprised. I paid with a
gasoline credit card.

The next day I moved into the cheapest motel in town. I was
given the last room at the end of the crumbling row. The
furnishings were early World War II surplus; army green
blankets on army green cots, chicken feather pillows and army
green waste baskets.

The following days, I kept looking for a place to live. No one
wanted to rent to me, even though they had placed classified ads and
had signs up in front. In 1968, there were no housing discrimi-
nation laws in Mineral Wells. The base housing office could not
help me because I was a civilian. My new co-workers were too
busy, blind and silent. I paid a desperation visit to the local
priest. He sympathized and chatted with me and sent me back to
the town bulletin board with a renewed sense of faith.

I found a place. An elderly woman was temporarily renting a
bedroom with an outside entrance. She agreed to have me as a
tenant. "You look like such a nice Italian boy," she said.

"No ma'am," I answered. "I'm Mexican-American."

"Oh well,"she said, "you still look like a nice boy."

Advance pay was impossible. I hadn't eaten for four days.
There was, and there remains, something about my character and
culture that did not allow me to let people in on my predicament.
Besides, now I had a job and would eventually get paid.

I called home for a loan. Two afternoons later, a cashier's
check for twenty-five dollars arrived from my sister. I ran out
looking for a place to cash the check, but no one would take it.

esto no parecía imposible. Mientras me alejaba, el empleado dijo
entre dientes que había un par de cuartos por dieciocho dólares la
noche que probablemente era mucho para mí. Agotado después de
un viaje de tres días desde California, le dije que sí, que tomaría
uno. Se mostró sorprendido. Le pagué con una tarjeta de crédito.

Al día siguiente me mudé para el motel más barato del pueblo.
Me dieron la última habitación, al final de una hilera tambaleante.
Los muebles eran sobrantes de la Segunda Guerra Mundial; mantas
militares verdes sobre catres militares verdes, almohadas con
plumas de pollo y canastas para basura también verdes, del
ejército.

Los días siguientes se convirtieron en una pesadilla, a medida
que buscaba un lugar para vivir. Nadie me quería alquilar aun
cuando habían publicado anuncios clasificados y tenían letreros al
frente. En 1968 no existían las leyes contra la discriminación en
las viviendas en Mineral Wells.

La oficina de viviendas de la base no podía ayudarme porque yo
era un civil. Mis nuevos compañeros de trabajo se hallaban
demasiado ocupados, ciegos y callados. Hice una visita desesperada
al cura local. Simpatizó conmigo, me habló y me envió de regreso
al cuadro de avisos del pueblo con la fe renovada.

Encontré un lugar. Una señora entrada en años alquilaba
provisoriamente una habitación con entrada al exterior. Aceptó
tenerme como inquilino. "Usted me parece un buen muchacho
italiano," me dijo.

"No, señora," le contesté. "Soy méxico-americano."

"Bueno," dijo ella. "Todavía me parece un buen muchacho."

El pago adelantado era imposible. Yo no había comido en cuatro

They would look at me and my driver's license and then shake their heads. I tried six stores and was on the verge of tears when I decided to try one last place, Buddy's Supermarket. Without hesitation, the clerk handed me a twenty and a five as I stood there in shock.

This was the way my life began in Mineral Wells in 1968. The Mexican-American community in the south part of town was small and poor. I went there often. Other times, after work or on weekends, I would paint and write.

Gradually, I found non-latino friends who accepted me. Among them I remember Ed Jacowski. He was able to rent an apartment which had been refused to me. I then moved in with him. There were Hazel Nichols, her husband Murray and their two sons, who opened their home and hearts without ever knowing the predicament of the young Chicano they befriended.

When I look at today's public opinion polls and see people's attitudes towards immigrants, towards people of color, and towards our military adventures, I recognize Mineral Wells as someplace that is neither isolated nor distant history.

A 1982 poll by the Roper Organization on which U.S. immigrant groups were most and least desirable found the English, Irish, Jews, Germans and Italians *good for the country,* as opposed to *bad,* by margins ranging from 66%-6% to 56%-10%. The same U.S. Americans rated Mexicans *bad,* as opposed to *good,* by 34% vs. 25%, with Puerto Ricans (43% vs.17%) and Cubans (59% vs. 9%) faring even worse.

I'm equally certain that the townfolk of Mineral Wells, the ones getting red in the neck over a detention center for brown

días. Había, y todavía hay, algo en mi carácter y mi cultura que no
me permitía compartir mis dificultades con la gente. Además,
ahora tenía un empleo y con el tiempo me pagarían.

Llamé a mi casa pidiendo un préstamo. Dos días después, llegó
un cheque de mi hermana por veinticinco dólares. Salí corriendo a
canjearlo, pero nadie me lo aceptaba. Me miraban, despés miraban mi licencia de conductor y meneaban las cabezas negativa-
mente. Probé en seis tiendas. Ya estaba a punto de llorar cuando
decidí probar el último lugar, Buddy's Supermarket. Sin vacilar,
el empleado me alargó un billete de veinte y otro de cinco,
mientras yo esperaba medio paralítico.

Fue así que empezó mi vida en Mineral Wells en 1968. La
comunidad méxico-americana al sur de la ciudad era pequeña y
pobre. Iba allí a menudo. Después del trabajo o durante los fines
de semana pintaba y escribía.

Gradualmente fui hallando amigos no latinos que me aceptaron.
Entre ellos recuerdo a Ed Jacowski quien pudo alquilar un aparta-
mento que me fue negado a mi. Me mudé junto con él. Estaba
también Hazel Nichols, su esposo, Murray y sus dos hijos, quienes
me abrieron su hogar y sus corazones sin conocer siquiera las
dificultades del joven chicano a quien brindaron amistad.

Cuando veo las encuestas de opinión pública de hoy y las
actitudes de la gente hacia los inmigrantes, hacia las personas de
color y hacia nuestras aventuras militares, reconozco que Mineral
Wells no era un caso ni aislado ni histórico.

Una encuesta en 1982 efectuada por la Organización Roper
para identificar los grupos de inmigrantes a los Estados Unidos más
y menos deseables, halló que los ingleses, irlandeses, judíos,

refugees, would throw a parade tomorrow if Fort Wolters were to reopen to train the fodder for another useless war.

----

alemanes e italianos eran *buenos para el país* por márgenes que
fluctauban entre el 66% y el 56% respectivamente. Los mismos
estadounidenses clasificaron a los mexicanos como *malos* por un
margen de 34%, a los puertorriqueños por un 43% y a los
cubanos, por un 59%.

Estoy igualmente seguro de que los pobladores de Mineral
Wells, a quienes se les ponen los pelos de punta por un centro de
detención para refugiados morenos, organizarían un desfile mañana
mismo si Fort Wolters fuera a abrirse nuevamente para entrenar
carne de cañón para otra guerra inútil.

Patron Saint of Refugees

One day six years ago, Father Cuchulain Moriarty called me. I had never met him and knew only that he was pastor of Sacred Heart Church in a San José, California, barrio and that he aided refugees from Chile, Guatemala, and El Salvador. After the phone call, I also learned that he was very interested in poetry. Father Moriarty invited me to lunch.

A few days later, I waited inside the rectory with five *chilenos.* Father Moriarty came out of his office with some other men, bid them farewell, greeted us all and introduced me to the *chilenos.*

One of them wrote poetry. They had all just been released from Chilean jails. They were thin and slightly stooped. One showed the scars of torture in his speech. Father Moriarty's energy and good spirits eased the pain.

We went to his office where he gave the *chilenos* some helpful information and answered a couple of phone calls. I browsed through his library of poetry books. He came over and commented to me that the book I had in my hands was a disappointing anthology of Latin American revolutionary poetry.

Later, Father and I left the rectory and crossed the street to a Mexican fish restaurant. Our conversation at lunch is long forgotten now, but I remember his intensity and energy which belied his easy-going personality. He loaned me a book of avant-garde Chicano poetry that day. I never saw him or talked

42

Santo patrón de los refugiado

Un día, hace seis años, el Padre Cuchulain Moriarty me llamó.

No lo conocía personalmente y sólo sabía que era el pastor de la Iglesia del Sagrado Corazón en un barrio de San José, California, y que ayudaba a los refugiados de Chile, Guatemala y El Salvador. Después de la llamada telefónica, también supe que se interesaba por la poesía. El Padre Moriarty me invitó a almorzar.

Algunos días después, esperaba dentro de la rectoría con cinco chilenos. El Padre Moriarty salió de su oficina, nos saludó, y me presentó a los chilenos.

Uno de ellos escribía poesía. Todos acababan de salir de las cárceles chilenas. Eran delgados y ligeramente encorvados. Uno mostraba las cicatrices de la tortura en su dicción. La energía y el buen estado de ánimo del Padre Moriarty aliviaban el dolor.

Entramos a su oficina, donde les dio a los chilenos alguna información útil y contestó un par de llamadas telefónicas. Anduve curioseando alrededor de su biblioteca de libros de poesía. El me comentó que el libro que yo tenía en la mano era una pobre antología de la poesía revolucionaria latino-americana.

Luego, el Padre Moriarty y yo salimos de la rectoría y atravesamos la calle hacia un restaurante mexicano donde servían mariscos. Nuestra conversación durante el almuerzo se ha perdido en el tiempo, pero recuerdo su intensidad y energía, que desafinaban con su personalidad tranquila.

Me prestó un libro de poesía chicana de vanguardia. Nunca más

with him again, and only last year did I return his book. By then
he was back in his hometown of San Francisco, serving as pastor of
the Most Holy Redeemer Church located between the Gay Castro
area and the Latino Mission district.

There he fought for the rights of Chicanos and other Latinos,
denouncing police brutality. He supported two ballot measures
that would have protected the rights of homosexuals. And across
the street from his church, he turned an empty convent into a
temporary shelter for refugees.

Father Moriarty was a legend among refugees fleeing their re-
pressive governments in Latin America. It is said that the first
question refugees asked upon entering the United States was how to
reach Father Moriarty.

He was known internationally. His outspoken opposition to
United States policy in Latin America and against rightwing
tyrannies put him on several hit lists, including one in El Salvador
and another in Guatemala. The CIA denounced him for aiding
Chilean junta opponents who had settled in San José. San Francisco
Archbishop John Quinn was one of his biggest advocates. Father
Moriarty became president of the San Francisco Archdiocese
Commision on Social Justice.

On November 30, Father Cuchulain Moriarty, aged sixty-one,
passed away after suffering for more than a year with a liver
disease. Archbishop Quinn eulogized him as follows:

Even when he was sick unto death, he was flying off to Central
America to help his people better their lives amidst repres-
sive governments in the area. He was totally committed to

lo vi, ni volví a hablar con él, y sólo el año pasado le devolví su
libro. Para entonces él estaba de regreso en su ciudad natal de San
Francisco, prestando servicios como pastor de la iglesia del
Santísimo Redentor, situado entre la zona homosexual Castro, y el
distrito de la Misión Latina.

Allí luchó por los derechos de los chicanos y otros latinos,
denunciando la brutalidad policíaca. Apoyó dos medidas incluidas
en las elecciones que hubieran protegido los derechos de los homo-
sexuales. Y frente a su iglesia convirtió un convento vacío en un
refugio provisorio para los refugiados.

El Padre Moriarty era una leyenda entre los refugiados que
huían de sus gobiernos represivos en la América Latina. Se dice
que la primera pregunta que formulaban los refugiados al entrar a
los Estados Unidos era cómo ponerse en comunicación con el Padre
Moriarty.

Se le conocía internacionalmente. Su oposición a la política de
los Estados Unidos en la América Latina y a las tiranías de la
derecha lo hicieron figurar en varias listas de muerte, incluyendo
una en El Salvador y otra en Guatemala. La Agencia Central de
Inteligencia lo denunció por ayudar a los opositores de la junta
chilena que se habían radicado en San José. El Arzobispo de San
Francisco, John Quinn, era uno de sus mayores defensores. El
Padre Moriarty llegó a ser presidente de la Comisión de Justicia
Social de la Arquidiócesis de San Francisco.

El 30 de noviembre último, el Padre Cuchulain Moriarty,
murió a los sesenta y un años, después de haber sufrido durante
más de un año de una enfermedad del hígado. El Arzobispo Quinn lo
elogió de esta manera:

*human rights, and always took outrageously courageous stands
without offending the decent among us. He was in every case a
gentle man.*

Three memorial masses were celebrated for Father Moriarty,
two in San Francisco and one in San José. The multitudes included
Chicano activists, Irish freedom fighters, lawyers, clergy,
cannery workers, undocumented workers, and many Latino
refugees. They all came to give testimony to his greatness. The
music came from Irish bagpipes, Latin American quenas, and
guitars.

I had been meaning to reach Father Moriarty again; but before
I could do so, I read his obituary: "*. . . the son of an Irish poet and
union organizer, Moriarty left no survivors.*"

But he did leave survivors: the downtrodden and the oppressed.
Many of them helped keep a vigil by his bedside.

Que en paz descanse.   May he rest in peace.

----

*Aún cuando estaba enfermo de muerte, volaba a la América
Central para ayudar a su gente a mejorar sus vidas en medio de
los gobiernos represivos de la zona. Se hallaba dedicado totalmente a los derechos humanos, y siempre adoptó posiciones
extremadamente valerosas sin ofender a la decencia. Siempre
fue un hombre gentil.*

Se celebraron tres misas en memoria del Padre Moriarty, dos
en San Francisco y una en San José. Las multitudes incluían mili-
tantes chicanos, combatientes irlandeses por la libertad,
abogados, clérigos, trabajadores de fábricas de conservas,
trabajadores indocumentados y muchos refugiados latinos. La
música procedía de gaitas irlandeses, quenas latino-americanas y
guitarras. Todos llegaron para dar testimonio de su grandeza.

Me había propuesto comunicarme de nuevo con el Padre
Moriarty, pero antes de poderlo hacer, leí su obituario: "...... *hijo
de un poeta y organizador sindical irlandés, Moriarty no dejó
sobrevivientes.*"

Pero sí dejó sobrevivientes: los oprimidos y los marginados.
Muchos de los cuales mantuvieron una vigilia junto a su cama.

Que en paz descanse.

José Antonio Burciaga

To The Teachers Who Made the Difference

April the sixteenth commemorates the annual Day of the Teacher in California. This little-known day has been set aside to honor the teaching profession and all those educators who instruct our children, and so guide our future. Inspired by México's own *Día del Maestro,* the California-based Association of Mexican-American Educators helped enact the bill creating this tribute.

In México, every fifteenth of May since 1925, *los maestros mexicanos* are fêted with a school holiday, poems, gifts, awards, banquets and honors from students, ex-students, parents and the government. This is the humbling model from one poor country to another that prides itself on having the best educational system in the world.

In lieu of the poems, holidays and awards that we failed to give our teachers in the past, we can at least remember them on this day. I remember some special ones I wish I could reach back and thank.

I would thank Sister Margaret Ann for the gentle kindness and sensitivity she showed me in kindergarten, where I spoke no English. What she taught me was as important as any other instruction I have received: patience, love, and understanding.

Patience continues to be a common virtue among teachers, and impatience an understandable flaw. The drilling of English and

A los docentes virtuosos

El dieciséis de abril se conmemora el aniversario del *Día del Maestro* en California. Este día, poco conocido, se ha fijado para honrar a la profesión de la enseñanza y a todos los educadores que instruyen a nuestros hijos y así ayudan a orientar nuestro futuro. Inspirados por el propio *Día del Maestro* de México, la Asociación de Educadores México-Americanos de California, ayudó a promulgar la ley que ha creado este homenaje.

En México, cada quince de mayo desde 1925, se festeja a los maestros mexicanos con un feriado escolar, poemas, regalos, galardones, banquetes y homenajes por parte de los alumnos, ex-alumnos, padres y del gobierno. Este es el ejemplo edificante de un país pobre a la nación que se enorgullece de tener el mejor sistema de enseñanza del mundo.

En lugar de los poemas, feriados y galardones que no les hemos dado a nuestros maestros en el pasado, podríamos al menos recordarlos en este día. Recuerdo especialmente a algunos de los míos a quienes desearía poderles dar las gracias.

Daría las gracias a la Hermana Margaret Ann por la bondad gentil y la sensibilidad que mostró conmigo en el jardín de infantes cuando yo no hablaba inglés. Lo que ella me enseñó fue tan importante como cualquier otra enseñanza que haya recibido: paciencia, amor y comprension.

La paciencia continúa siendo una virtud común entre los maestros, y la impaciencia una de sus faltas más perdonables. Los

arithmetic, day in and day out, year in and year out, must have finally sunk in, as now I find myself a writer, married to someone who can balance the checkbook.

In high school it was the same: Christian Brothers dedicated to teaching young men. I recall their intensity, their black garb powdered with smudges of white chalk, the chalk flying in midair as they pounded their lesson on the blackboard, their writing unable to keep pace with their thoughts.

What these Catholic men and women did was no more and no less than what their lay counterparts did, one of whom stands out for me, not only as my greatest teacher, but as the most inspirational. She never taught school in this country, only in México, for just seven years, from 1927 until 1934. Then México passed Article Three of a constitutional reform which prohibited the slightest mention of God or religion in the classroom. All Mexican teachers were required to sign a statement upholding *Artículo Tres.*

La Profesora Fernández, as she was then known, chose to give up teaching despite the fact that she was helping support her mother and three sisters after her father had passed away. *La Profesora Fernández* became a secretary, but she never lost her love for teaching, for poetry, for Mexican history and for the Spanish language. Eventually she married, came to this country and had six children of her own.

To each one, she taught Mexican history and literature and how to read and write in Spanish. Confident that the schools in this country would turn her children into good citizens, she made sure they would never forget their linguistic and cultural heritage.

ejercicios de inglés, escritura y aritmética, día tras día, año tras
año, deben habérseme prendido por fin, ya que ahora me encuentro
escritor, casado con alguien que puede reconciliar la libreta de
cheques.

En la escuela superior fue lo mismo con los Hermanos
Cristianos dedicados a enseñar a los jóvenes. Recuerdo su
intensidad, sus hábitos negros salpicados con manchas de tiza
blanca, nubes de tiza volando por el aire a medida que explicaban
las lecciones en la pizarra, y su incapacidad de escribir con la
misma rapidez de sus pensamientos.

Lo que estos hombres y mujeres católicos hicieron, no fue ni
más ni menos de lo que hicieron sus colegas en las escuelas
públicas. Una maestra laica se destaca para mí, no sólo como la
mejor entre mis maestros, sino como la que más me inspiró. Ella
nunca enseñó en este país, sólo en México durante siete años, desde
1927 a 1934. En esa fecha México aprobó el Artículo Tres de una
reforma constitucional que prohibía la más ligera mención de Dios
o de la religión en clase. A todos los maestros mexicanos se les
exigía firmar una declaración acatándose al Artículo Tres.

La profesora Fernández, como se le conocía entonces, eligió
renunciar la enseñanza, a pesar de que ayudaba a mantener a su
madre y a sus tres hermanas, después de la muerte de su padre. La
profesora Fernández se convirtió en secretaria, pero nunca perdió
su amor a la enseñanza, a la poesía, a la historia de México y al
idioma español. Con el tiempo se casó, vino a este país y tuvo seis
hijos.

A cada uno de ellos les enseñó la historia y la literatura de
México, y a leer y escribir en español. Confiada en que las

She instilled in me a love for poetry, for writing and for reading. She was my first editor, critic, and advisor. At seventy-five, she was seriously disabled by arthritis, but her mind and memory continued clear and crisp, ready to answer my questions.

To my mother, *la Profesora María Guadalupe Fernández de Burciaga,* who passed away March 23, 1985, and to all other teachers, *feliz Día del Maestro.*

----

escuelas de este país harían de sus hijos buenos ciudadanos, se aseguró de que nunca olvidarían su herencia idiomática y cultural.

Me inspiró el amor a la poesía, la escritura y la lectura. Fue mi primera editora, crítica, y consejera. A los setenta y cinco años estaba gravemente incapacitada por la artritis, pero su mente seguía activa y su memoria lista para responder a mis preguntas.

Para mi madre, la profesora María Guadalupe Fernández de Burciaga, fallecida el 23 de marzo de 1985, y para todo los demás maestros del mundo, *un feliz Día del Maestro.*

José Antonio Burciaga

Weedee Peepo

We the people of the United States, in order to form a more perfect union, establish justice, insure domestic tranquility, provide for the common defense, promote the general welfare, and secure the blessings of liberty to ourselves and our posterity, do ordain and establish this Constitution for the United States of America.

Preamble to the Constitution

Twenty-five years ago, when my parents were studying for their naturalization tests, they would ask each other in Spanish, "Have you learned *el Weedee Peepo* ?"

It took me awhile to figure out what they were talking about. *Weedee Peepo* was the way my parents pronounced the first words of the preamble to our Constitution. They had to memorize it.

It was a happy and proud day when they went to the courthouse to be sworn in as United States citizens. My father got a haircut, shined his best shoes and wore his best suit. A snappy dresser all his life, he cherished this special occasion, especially since he changed clothes from a maintenance janitor at a synagogue in El Paso.

He also bought an autograph book and had all his friends sign it with little congratulatory messages, from the rabbi and the cantor to the judge who swore them in.

My mother was more subdued. She had been a very patriotic

El uidi pipo

*Nosotros, el pueblo de los Estados Unidos, con objeto de formar
una unión más perfecta, establecer la justicia, asegurar la
tranquilidad doméstica, disponer para la defensa común,
fomentar el bienestar general y asegurar las bendiciones de la
libertad para nosotros y nuestra posteridad, decretamos y
establecemos esta Constitución para los Estados Unidos de
América .*

Preámbulo de la Constitución.

Hace veinticinco años, cuando mis padres estudiaban para sus
exámenes de naturalización, se preguntaban mutuamente en
español: "¿Te has aprendido el *Uidi pipo* ?"

Esa era la forma en que pronunciaban las primeras palabras
del preámbulo de nuestra constitución que debían memorizar.

El día en que mis padres fueron, felices y orgullosos, al
edificio de los tribunales para prestar sus juramentos como
ciudadanos estadounidenses, mi padre se cortó el pelo, dio brillo a
su mejor par de zapatos y se puso su mejor traje. Siempre se
vestía elegantemente, pero como conserje de una sinagoga judía de
El Paso, Texas, se regocijó con esta oportunidad especial.

Se llevó un libro de autógrafos. Todos sus amigos lo firmaron
con pequeñas notas de felicitación, desde el rabí y el cantor hasta el
juez que les tomó el juramento.

Mi madre era más discreta. Había sido una maestra de escuela

Mexican schoolteacher who had lived and taught Mexico's
revolutionary history. For her, becoming a U.S. citizen was more
of a convenience after having lived in this country for many years.
For fifteen years she had to carry a passport that would allow her
to cross the international bridge five times a week to buy produce
or visit her mother and sisters. Besides, her six children were all
U.S.A.-born. Five years later, I would march off to the wild blue
yonder with the Air Force.

But that day at the courthouse was the beginning of their lives
as United States citizens. They took their voting rights seriously.
At that time, voters in Texas had to pay a poll tax that came to
about $1.75. In a family with six children that was a substantial
amount twenty five years ago. Nonetheless, my father insisted on
doing his duty as a good citizen.

Before voting in each election, he would ask my older sister
Lupita and me for our views on the candidates and the issues.
Though he spoke English, it was harder for him to read politically
technical literature comfortably. In Spanish, Lupita and I would
summarize the propaganda and tell him what we thought was the
best choice. But he was not to be conned into our choice. He always
made his own decision even if it was based on intuition, which most
of the time was right on target.

At seventy six he still voted, but with the help of bilingual
voting ballots. I didn't have to translate for him. Besides, living
in California, I know zilch about recent Texas politics.

There are people who would condemn my father and other such
people for supposedly failing to make an effort to learn to read and
write English. He did learn, despite the fact that he usually

muy patriótica en México y había vivido y enseñado la historia
revolucionaria mexicana. Para ella, el naturalizarse como estadounidense era una conveniencia. Durante los quince años que había
vivido en esta nación, tuvo que presentar su pasaporte cuando
atravesaba el puente internacional cinco veces a la semana para
comprar alimentos o visitar a su madre y sus hermanas. Además,
sus seis hijos habían nacido en los Estados Unidos. Cinco años más
tarde, yo salí hacia los lejanos espacios azules con la Fuerza Aérea.

Ese día en el edificio de los tribunales fue el comienzo de sus
vidas como ciudadanos estadounidenses. Tomaron muy en serio sus
derechos electorales. En esa época, los electores de Texas tenían
que pagar un impuesto electoral de $1.75. En una familia con seis
hijos, esto importaba una cantidad considerable.

Antes de votar, mi padre nos preguntaba a Lupita, mi hermana
mayor, y a mí, nuestras opiniones acerca de los candidatos. Aunque
él hablaba inglés, le resultaba difícil leer la literatura política.
Lupita y yo le resumíamos en español la propaganda política y le
decíamos cuáles eran, a nuestro juicio, las mejores selecciones.
Pero él siempre hacía sus propias decisiones.

A los setenta y seis años, él aún votaba, pero con ayuda de una
boleta bilingüe. Ya no necesitaba traducirle nada. Además, como
ahora vivo en California, no sé nada de la política de Texas.

Hay algunos que censuran a mi padre y a otras personas como
él, por no haber aprendido a leer y a escribir inglés. Sin embargo,
él lo aprendió a pesar de que trabajaba de diez a doce horas diarias,
seis días a la semana. Pero se sentía más cómodo y confiado con su
idioma nativo.

Su ciudad, El Paso, es oficialmente sesenta y dos por ciento

worked ten to twelve hours a day, six day a week. But he was more comfortable and confident in his native tongue.

His home, El Paso, is a town whose population is officially sixty-two percent Mexican-American (unofficial estimates go as high as seventy percent). Seventy percent of the population speak Spanish, and retail sales in Spanish account for at least fifty percent of the business. This does not include the enormous business the city conducts with México. The communications media are fifty percent Spanish-speaking.

Recently El Paso celebrated its four-hundredth anniversary. Spanish has been spoken there much longer than English. The Spanish arrived in El Paso in 1581; two hundred and twenty-five years later, in 1806, Zebulon Pike became one of the first English speakers to enter El Paso. The Southwest has not been completely conquered.

And so, despite their limited English, my parents became United States citizens. They knew what *Weedee Peepo* meant. It meant *Nosotros el pueblo, We the People* .

Whatever language we speak, we have the same goals stated in our Constitution. If people need a translator when their children are no longer at their side and the government does not consider the job its responsibility, God help this nation.

----

méxico-americano. (Los estimados extra-oficiales son aun
mayores).

El setenta por ciento de la población habla español. Las ventas
al detalle en español ascienden, por lo menos, al cincuenta por
ciento de todas las transacciones. Esto no incluye los grandes
negocios que efectúa la ciudad con México. El cincuenta por ciento
de la prensa y las estaciones de radio y televisión son
hispanohablantes.

El Paso tiene cuatrocientos años de existencia y el español se
ha hablado allí durante más tiempo que el inglés. Los españoles
llegaron a El Paso en 1581 y doscientos veinticinco años después,
en 1806, Zebulon Pike fue uno de los primeros anglohablantes que
entraron a la ciudad. El suroeste no ha sido conquistado por completo.

Mis padres se convirtieron en ciudadanos estadounidenses a
pesar de su inglés limitado. Ellos sabían lo que significaba *Uidi
pipo* . Quería decir: *Nosotros, el pueblo* . *We, the People* .

Cualquiera que sea el idioma que hablemos, tenemos los
mismos propósitos que declara nuestra Constitución. Y si hay
gente quien necesita un traductor cuando sus hijos ya no están más
a su lado, y el gobierno no reconoce su responsabilidad, que el
Señor se apiade de esta nación.

Holidays

Días de fiesta

José Antonio Burciaga

An Anglo, Jewish, Mexican Christmas

The joys of the Yuletide season are double for bicultural
  children.

Mine were threefold. You see, I was raised in the basement of
a Jewish synagogue, Congregation B'nai Zion, in El Paso, Texas,
where my father was the janitor, electrician, plumber,
carpenter, caterer, gardener and *shabbat goy.* A *shabbat goy* is
Yiddish for a gentile who performs certain tasks on the Sabbath
that are forbidden to Jews by Orthodox law, such as turning lights
on and off. Every year, around Christmas, my father would take
the *menorah* out of storage and polish it. This, for us, would
signal the coming of Christmas.

The *menorah* is an eight-branched candelabrum that is
symbolic of the celebration of *Hanukkah. Hanukkah* commemorates the first recorded war of liberation by any group of people.
In 164 B.C. the Jewish people rebelled against Antiochus IV
Epiphanes, who had attempted to introduce pagan idols into the
temple. When the temple was reconquered by the Jews, there was
only one day's supply of oil for the eternal light in the temple. By
a miracle, the oil lasted for eight days.

My father was not only in charge of polishing the *menorah*
each year, but for forty years he also made sure that the eternal
light remained lit in the temple.

As a child I was more in tune with Mexican Christmas

62

Una Navidad anglo, judía, y mexicana

Los gozos de Navidad son dobles para los niños biculturales.

Los míos fueron triples, ya que me criaron en una sinagoga judía en El Paso, donde mi padre era el encargado electricista, plomero, carpintero, abastecedor de comidas, jardinero y *Shabbat Goy*. *Shabbat Goy*, en Yiddish quiere decir un gentil que efectúa determinados quehaceres durante el sábado, los cuales están prohibidos para los judíos ortodoxos, tales como encender y apagar las luces. Cada año, cerca de Navidad, mi padre sacaba el *menorah* del depósito y lo pulía. Esto, para nosotros, indicaba la llegada de la Navidad.

El *menorah* es un candelabro de ocho ramas que simboliza la celebración de *Hanukkah*, o *Chanukah*. Esta festividad conmemora la primera guerra de liberación que ha sido documentada por pueblo alguno. En el año 164 `antes de Cristo, el pueblo judío se rebeló contra Antioco IV Epifanes, quien trató de introducir los ídolos paganos en el templo. Cuando el templo fue reconquistado por los judíos, solamente quedaba aceite para un sólo día de luz eterna. Por un milagro, el aceite duró ocho días.

Mi padre estaba no solamente a cargo de pulir el *menorah*, sino que durante cuarenta años también cuidaba de que la luz eterna permaneciera encendida en el templo.

De niño, yo estaba más a gusto con las festividades mexicanas de Navidad que a veces hacían conflicto con las tradiciones

celebrations, which at times came in conflict with Anglo-
American traditions. Take for example the Christmas songs we
learned in school. We learned about the twelve days of Christmas
and, though I never understood what a partridge was doing in a
pear tree in the middle of December, I did like the melody. We also
learned a German Christmas song about a boy named Tom and a
bomb (*O Tannenbaum*). We even learned a Christmas song in the
dead language of Latin, called *Adeste Fideles.* Yet, although more
than seventy-five percent of my schoolmates were Mexican-
American, we never sung one *canción de Navidad en español.*
Spanish was not only frowned upon; it was forbidden.

　　Nonetheless, in our basement home, *Mamá* would teach us
Silent Night in Spanish, night of peace, night of love. It was more
beautiful, more romantic and like a prayer in Spanish. There is
an old saying about English being for business, French for love and
Spanish for God.

　　When traveling by bus, our American high school football
team, made up mostly of Chicanos, would get into the spirit of
Christmas and sing *Jingle Bells* ; however, it always sounded like
Chingo Bells. For some reason, Brother Ambrose did not
appreciate our version of that melody and upon hearing it, would
suddenly stop the old and dilapidated yellow schoolbus. Fortunately
for us, we always wore our helmets and shoulder pads.

　　Outside of school we had our own little gang which we called
The Temple Gang because we hung out around the *shule* or
synagogue. One Christmas some of the gang decided they needed
extra Christmas cash to celebrate in Juárez. Earning money was
very hard for young Chicano high schoolers; the few jobs usually

cristianas anglo-americanas. Por ejemplo, entre los villancicos de Navidad que aprendíamos en la escuela, nos enseñaban el de los doce días de Navidad, y aunque nunca entendí que hacía una perdiz en un peral a mediados de diciembre, me gustaba la melodía. También aprendimos una canción alemana de Navidad sobre un niño llamado Tomás y una bomba (*O Tannenbaum*). Igualmente aprendimos un villancico en latín, titulado *Adeste Fideles*.

Sin embargo, aunque más del setenta y cinco por ciento de los alumnos éramos méxico-americanos, nunca cantamos una canción de Navidad en español, ya que el español estaba prohibido.

No obstante, en nuestro hogar subterráneo, nuestra madre nos enseñaba *Silent Night* en español, *Noche de paz, Noche de amor.* Era decididamente más bonita, más romántica y sonaba más a oración en español. Hay un antiguo dicho que asigna el inglés a los negocios, el francés al amor y el español a Dios.

Nuestro equipo de fútbol americano de la escuela secundaria, formado casi exclusivamente por chicanos, entraba en el espíritu de la Navidad durante los viajes en autobús y cantaba *Jingle Bells*, que siempre sonaba como *Chingo Bells*. Por alguna razón, al Hermano Ambrosio no le gustaba nuestra versión de la melodía, de modo que daba un frenazo al antiguo y destartalado autobús escolar amarillo. Afortunadamente, llevábamos puestos nuestros cascos y almohadillas de hombros.

Fuera de la escuela teníamos nuestro propio grupito, al que llamábamos *La Ganga del Templo*, porque nos reuníamos alrededor de la *shule* o sinagoga. Una Navidad, algunos del grupo decidieron que necesitaban dinero extra para celebrar la Navidad en Juárez. Ganar dinero era muy difícil para los alumnos chicanos de la

went to Anglo kids or the cheaper labor from across the border. So
they decided to steal some Christmas trees and sell them.

Each of the four guys singled out a tree that he would pick up
and run with soon after closing time. René had his eye on the most
beautiful tree in the lot. At the proper time, Chayo, Chuma and
Rulis each grabbed a tree and ran. René grabbed his beautiful
tree, tried to wrestle it away but it just boomeranged and threw
him to the ground. It was a real, live, planted tree.

René got up, grabbed the closest portable tree and ran. It
turned out to be the smallest and scrawniest tree we had ever seen.
To add insult to injury, the next day he tried to sell it to a neighbor
who turned out to be the owner of the tree lot. René had forgotten
to take the red tag off.

All three cultures, the Jewish, the Mexican and the Anglo,
came together during the *Posadas*, which are celebrated nine days
before Christmas. It is the re-enactment of Joseph and Mary
seeking shelter for the soon-to-be-born Baby Jesus.

This all began when my parents received a short and formal
visit from their *compadres*, Cruz and Elena Sánchez, who came to
our home in the synagogue to ask my parents to be godparents to
the Baby Jesus. So for nine days before Christmas we crossed
the border into Juárez and took leftover candles from the
Hanukkah celebrations to the *posadas* in a *barrio* in Juárez. We
would pray and sing our Christmas carols in Spanish while playing
with the melting wax on the *Hanukkah-posada* candles we all held
in our hands.

After each *Hanukkah* service it is customary to give out small
fists of candy, especially to the children. This candy, called *gelt,*

secundaria, ya que competíamos con los jóvenes anglos por los pocos trabajos y con la mano de obra más barata del otro lado de la frontera. De modo que cuatro del grupo decidieron robarse algunos árboles de Navidad y venderlos. Cada uno escogió un árbol del puesto de árboles de Navidad para llevarse después de la hora del cierre. René le echó ojo al árbol más bello de todos. En el momento oportuno, Chayo, Chuma y Rulis agarraron cada uno un árbol y se echaron a correr. René agarró el hermoso árbol y trató de levantarlo, pero el árbol rebotó y lo tiró al suelo. Resultó ser un árbol de verdad.

René se levantó, echó mano al árbol más cercano y salió corriendo. Resultó ser el más chico y roñoso que habíamos visto jamás. Para empeorar las cosas, al día siguiente trató de vendérselo a un vecino, que resultó ser el dueño del puesto de árboles. A René se le había olvidado quitarle la etiqueta roja al árbol.

Las tres culturas, la judía, la mexicana y la anglo-americana, se reunieron durante las posadas, las cuales se celebran nueve días antes de la Navidad en memoria a la experiencia de José y María cuando buscaban alojamiento para el Niño Jesús, próximo a nacer.

Todo esto comenzó cuando mis padres recibieron la visita corta y formal de sus compadres, Cruz y Elena Sánchez. Los Sánchez habían venido a pedirles que fueran los padrinos del Niño Jesús. De modo que, durante nueve días antes de Navidad, llevábamos las velas sobrantes de las festividades de *Hanukkah* a las posadas en un barrio pobre de Juárez. Rezábamos y cantábamos nuestros villancicos de Navidad en español mientras jugábamos con la cera que se derretía de las velas del *Hanukkah*.

consisted of chocolates covered in gold foil, like coins, and was given in small netted bags. My father would always be given some for his children and it would wind up in Juarez for our traditional candy handouts after the Posadas.

The next day we would be back at St. Patrick's Grade School singing *I'm Dreaming of a White Christmas.*

One day I stopped dreaming of white Christmases in green forests as depicted by Christmas cards. An old Jewish immigrant from Israel taught me that Jesus Christ was born in desert country just like that of El Paso, my West Texas hometown.

Después de cada ceremonia de *Hanukkah* se acostumbraba regalar caramelos a los niños. Estos caramelos, llamados *gelt*, eran de chocolate envueltos en papel metálico dorado, como monedas, y se repartían en pequeñas bolsas tejidas. Mi padre siempre recibía algunos para sus hijos, peros estos caramelos también iban a dar a Juárez en el reparto tradicional de dulces después de las posadas.

Al día siguiente nos encontrábamos de nuevo en la Escuela Primaria de *Saint Patrick's*, cantando *Sueño con una Navidad Blanca*.

Un día dejé de soñar en las navidades blancas y en los bosques verdes como representan las tarjetas navideñas. Un viejo inmigrante judío de Israel me enseñó que Jesucristo nació en una tierra desiértica, como mi pueblo de El Paso, en el oeste de Texas.

A Bohemian's Toast

Guillermo Aguirre y Fierro was not a well-known Mexican
poet when he entered an obscure cantina in a South El Paso
barrio and sat down to write a poem. That was more than sixty
years ago.

The poem he wrote, *El Brindis del Bohemio*, (*A Bohemian's
Toast*) is better known today than his name. It is recited the
Spanish-speaking world over, from México to Spain, Argentina
and this country. Within many extended families, there is always
someone who can recite it at family gatherings on New Year's Eve.

Aguirre y Fierro wrote of six happy bohemians celebrating the
last hours of a New Year's eve. Among the bottles of rum, whiskey
and Scotch there was drinking and laughter that continuously
curled and dissipated with the cigarette smoke into the quiet *barrio*
night. With each drink they found themselves further away from
the pain and suffering of the passing year. The clock struck twelve
and there were shouts of joy welcoming the *Feliz Año Nuevo.*

A voice spoke up. "It's twelve, *compañeros.* Let us leave the
year that now becomes a part of the past. Let us drink to this year
that begins. May it bring us dreams and not the baggage of bitter
sorrows."

Another voice arose. "I toast for the hope that launches us into
life to conquer the rigors of destiny. For hope, our sweet friend,
that softens our pains and converts our path into a flower gar-
den . . ." He toasted hope, a star that had enlightened him after a

70

Brindis del bohemio

Guillermo Aguirre y Fierro no era un poeta mexicano famoso
cuando entró a una cantina perdida en un barrio del sur de El
Paso hace sesenta años.

Se sentó a escribir el poema, *El Brindis del Bohemio,* que ha
cobrado mayor renombre que su autor, y que se recita en todo el
mundo de habla hispana, de México a España, y de la Argentina a
este país. Siempre hay alguien en la familia que suele recitarlo en
el Año Nuevo.

Aguirre y Fierro escribió acerca de seis bohemios que se
habían sentado entre copas a celebrar las últimas horas del año. En
el silencio de una noche del barrio se entretejían el ron, el
whiskey, y el scotch que tomaban los bohemios, con sus carcajadas
y la penetrante humareda de los cigarrillos. Cada trago les alejaba
paulatinamente de las penas y los sufrimientos del año que
terminaba. Sonaron las doce y estallaron con gritos de *¡Feliz Año
Nuevo!.*

"Las doce, compañeros," dijo uno. "Dejemos el año que pasó,
y brindemos por el año que comienza, para que nos traiga
ensueños, y no un cúmulo de amargos desconsuelos."

Y surgió otra voz. "Brindo por la esperanza, que a la vida nos
lanza a vencer los rigores del destino. Por la esperanza, nuestra
dulce amiga que las penas mitiga y en vergel convierte nuestro
camino. . . " Y brindó por la esperanza, la estrella que le había
iluminado tras un enamoramiento de triste fin. "¡Bravo!"

bitter love affair. "Bravo!" Everyone loved the toast. "You're inspired tonight. You've said it well; briefly and with substance."

It was Raúl's turn. He raised his cup and toasted to Europe, "Her delicious exoticism . . . I drink and toast to my past life, one of light, love and joy in which tempting women found my dreams." Raúl continued, "I toast for the yesterdays that today console my bitterness and sad soul. My memory transcends to the sweet joys of tenderness, love and delightful sleepless nights."

"I toast," said Juan, "because I am overcome with inspiration, divine and seductive, because within the cords of my life lives the verse that sighs, smiles, sings, loves and is loved. . ." His beautiful toast continued, but soon turned bitter, remembering an ungrateful woman with a beautiful body but a heart of granite. He hoped that with his song he could reach her heart and passion. "I toast that I may get inebriated on the divine nectar of her kisses."

The tempest of vain and coarse verses continued. They toasted the nation, the chaste loves that were soon violated, the voluptuous passions that make one blush and convert the woman into a courtesan.

Only one toast was left, that of Arturo, the bohemian of a pure, noble heart and great intelligence. It was Arturo, whose only declared desire was to steal inspiration from sadness. He stood up, raised his cup and, before an overbearing crowd noisy with laughter and joy, embraced them with the penetrating light of his gaze. He shook his long hair and with an inspired tone declared:

"I toast to womanhood, but not to that one in which you find comfort. . . and cinders of pleasure."

corearon todos. "Inspirado has estado esta noche y tu brindis fue breve, bueno y sustancioso."

Entonces le tocó a Raúl. Alzó su copa y brindó por Europa. "Por su extranjerismo delicioso. . . brindo por mi pasado que fue de luz, de amor y de alegría en el que hubo mujeres tentadoras y frentes soñadoras que se juntaron con la frente mía." Y continuó Raúl, "Brindo por el ayer que hoy trae consuelo a la amargura y tristeza del alma, trayendo a la memoria las dulzuras de goces, de ternuras, de los amores, y la delicia de los desvelos."

"Y yo brindo," dijo Juan, "porque en mi mente brote todo un torrente de inspiración divina y seductora, porque vibre en las cuerdas de mi lira el verso que suspira, que sonríe, que canta, y que enamora." Su hermoso brindis continuó pero fue volviéndose amargo al recordar a una bella mujer con un corazón de granito. "Brindo porque me embriague con el divino néctar de sus besos."

Siguió una tempestad de versos vanos y profanos. Brindaron por la patria, por el amor casto que tan pronto se viola, por las pasiones que dan pavor y tornan a la mujer en cortesana.

Y quedaba un sólo brindis, el de Arturo, un bohemio puro, de noble corazón y gran inteligencia. Su único deseo era robarle inspiración a la tristeza. Se puso de pie, levantó la copa y ante las risas de todos los abrazó con su penetrante mirada. Sacudió su larga melena y en tono inspirado declaró:

"Brindo por la mujer..., pero no por la que brinda sus embelesos y deja cenizas de placer... Yo no bindo por ella, compañeros. Siento por esta vez no complacerlos."

"Brindo por la mujer... que me envolvió en sus besos y me meció en la cuna, por la que me enseñó de niño lo que vale el cariño

"I do not toast to her, *compañeros.* I feel this time I cannot please you. I toast to the woman who embraced me with her kisses, to the woman who rocked my cradle, to the woman who taught me as a child the value of exquisite love, profound and real, to the woman who lulled me in her arms and gave me in pieces, one by one, her entire heart."

"To my Mother, bohemians! To the old woman who thinks of tomorrow as something sweet and desired, because perhaps she dreams destiny will show me the path and I will soon return close to her side."

"To the old woman, loved and blessed. To the one who with her blood gave me life, tenderness and love. To the one who became the light of my soul. To her I toast; let me cry these flowers of tears, this pain that kills me. To the sad, old woman who suffers and cries, and to the heavens implores that I return to be with her."

"To my Mother, bohemians, who is melted sweetness and the star in the bitterness of my black nights."

Arturo, the bohemian, stopped. No one dared desecrate that pronouncement born of love and tenderness that floated over the atmosphere like an immense poem of love.

Of Guillermo Aguirre y Fierro not much is known, but his poem lives and is recited whenever and wherever Spanish-speaking mothers live each New Year's Eve.

¡Feliz año nuevo!

----

exquisito, profundo y verdadero. Por la mujer que me arrulló en sus brazos y que me dió en pedazos uno por uno el corazón entero."

"Por mi madre, bohemios, por la anciana que piensa en el mañana como en algo dulce y deseado. Porque tal vez sueña que el destino me guiará el camino para volver pronto a su lado."

"Por la anciana adorada y bendecida. Por la que con su sangre me dio la vida, la ternura y el cariño. Por la que fue la luz del alma mía. Por ella brindo yo, dejad que llore estas lágrimas de flores por esta pena que me mata. Por la anciana infeliz que sufre y llora, y que al cielo implora que vuelva yo a estar con ella."

"Por mi madre, bohemios, que es dulzura derretida, y en la amargura de mis negras noches, la estrella."

Arturo calló. No hubo quien se animase a desecrar su pronunciamiento de amor y ternura que flotaba en el aire como un poema de amor.

De Guillermo Aguirre y Fierro no sabemos mucho, pero nos queda su poema, que vive en la recitación dondequiera que haya madres de habla hispana, cada fin de año.

¡Feliz año nuevo!

José Antonio Burciaga

The Spirit of the Fifth of May

I used to have a difficult time relating *el Cinco de Mayo* to this side of the border. That day used to bring childhood memories of parades in Juárez, México, filled with *charros a caballo, mariachis, mujeres bonitas* and Mexican military students marching to their bugle and drum corps. It was a festive, colorful and inspiring way of welcoming *la primavera*, springtime.

But that was if *el Cinco* fell on a weekend. Otherwise, we went to school while our Mexican cousins celebrated their national holiday. It was well understood, *el Cinco de Mayo* was a Mexican holiday, not a U.S. holiday. That's what I used to think.

On *el Cinco de Mayo,* México commemorates the defeat of French forces at Puebla, México in 1862. Every year, Chicano artists, poets, dancers and writers are asked to share their cultural work in schools, universities and communities. Each year I found it more and more difficult to participate and believe that *el Cinco de Mayo* had any real significance to us in this country.

This year I thought more about that significance. The defeat of the French Army (at that time one of the most powerful) by a poor rag-tag Mexican Army was awesome. The ripples from that Mexican victory continue to remind and inspire a nation in the throes of poverty. *El Cinco de Mayo* is a celebration of the never-say-die spirit of all Mexicans. *Si se puede,* it can be done.

El espiritu del cinco de mayo

A veces me costaba trabajo relacionar el *Cinco de Mayo* con este lado de la frontera. Ese día traía recuerdos infantiles de los desfiles de Juárez, México, llenos de charros a caballo, maria- chis, mujeres bonitas y alumnos de las academias militares mexi- canas desfilando al son de sus trompetas y tambores. Era un modo festivo, colorido e inspirador de dar la bienvenida a la primavera.

Pero eso era si *el cinco* caía en un fin de semana. De otro modo, asistíamos a la escuela en El Paso, mientras que nuestros primos de México celebraban su día de fiesta nacional. Lo entendíamos bien. El *Cinco de Mayo* era una fiesta mexicana, no de los Estados Unidos. Eso es lo que yo creía.

El *Cinco de Mayo* recuerda la derrota de las fuerzas francesas en Puebla, México en 1862. Todos los años, se convidan a los artistas, poetas, bailarines y escritores chicanos para compartir su trabajo cultural en las escuelas, universidades y comunidades. Cada año yo hallaba más y más difícil esta participación y creer que el *Cinco de Mayo* tuviera algún significado real para nosotros en esta nación.

Este año consideré más a fondo ese significado. La derrota del ejército francés (en esa época uno de los más poderosos) por parte de un ejército mexicano desarrapado, fue impresionante. Las re- percusiones de esa victoria mexicana continuan inspirando a una nación sumida en la pobreza. El *Cinco de Mayo* es una celebración del espíritu indómito de todos los mexicanos. Si se puede, se puede

Mexicans, so used to poverty and adversity, have an indomitable
spirit that never gives in until the last breath.

As Chicanos, Mexican-Americans, we inherited that *Cinco de
Mayo* spirit and brought it to this country. This fighting spirit
has been exhibited many times through the peaceful means of
people like César Chávez, Dolores Huerta and the farmworkers, or
through battlefields where Chicano soldiers have won dispro-
portionately more Congressional Medals of Honor than any other
ethnic group.

And that spirit is not exclusively Mexican or Mexican-
American. It is shared not only by other Latinos in this country
but by our brothers and sisters in Central America. We are united
by a blood line from our Native American ancestors and Spanish
conquerors.

Chicanos and other Latinos are a vital link to Latin America
through new immigrants. It is through Mexican-American,
Puerto Rican and Cuban *barrios* that they are welcomed to this
country. The cultural, linguistic and familial ties to the mother
countries are daily reinforced by new arrivals, Spanish-speaking
radio, Spanish-language newspapers and an international
television network.

This is not meant to create another nation within this country.
Assimilation works both ways. You have only to take note of the
success and popularity of Spanish language entertainment in this
country. Two recent top foreign films are *Carmen* and *Bodas de
Sangre* by Carlos Saura, Spanish film maker. Another popular
film, *El Norte,* by Gregory Nava is a trilingual film in Spanish,
Quiche, and English.

hacer. Los mexicanos, tan acostumbrados a la pobreza y a la adversidad, tienen un espíritu indomable que nunca se da por vencido hasta el último aliento.

Como chicanos, méxico-americanos, heredamos ese espíritu del *Cinco de Mayo* y lo trajimos a esta nación. Este espíritu combativo ha sido evidenciado muchas veces, pacíficamente a traves de César Chávez, Dolores Huerta y los trabajadores agrícolas, o en los campos de batalla donde los soldados chicanos han ganado una mayor cantidad de Medallas de Honor Congresionales que cualquier otro grupo étnico.

Y ese espíritu no es exclusivamente mexicano, ni méxico-americano. Lo comparten no solamente los demás latinos de este país sino nuestros hermanos de la América Central. Estamos unidos por la sangre de nuestros antepasados indígenas americanos y conquistadores españoles.

Los chicanos y demás latinos forman un eslabón vital con la América Latina por medio de los nuevos inmigrantes. Es por medio de los barrios méxico-americanos, puertorriqueños y cubanos que se les da la bienvenida a este país. Los lazos culturales, idiomáticos y familiares con las naciones de origen se refuerzan a diario por medio de los recién llegados, las radios de habla hispana, los periódicos en español y una red internacional de televisión.

Esto no significa la creación de otra nación dentro de ésta. La asimilación funciona en ambos sentidos, como lo demuestra el éxito y la popularidad de las diversiones en idioma español en esta nación. Algunos ejemplos recientes son las películas *Carmen* y *Bodas de sangre* del director español Carlos Saura, y *El Norte*, de Gregory Nava, una obra trilingüe en español, quiché, e inglés.

Chicano playwright Luis Valdez's *Corridos* was rated the best San Francisco theater presentation of 1983, running away with the most awards, eleven. In 1987 it became a national public television special. Also in 1987, Valdez wrote and directed the film *La Bamba* which became a box-office hit. The success and popularity of these films and plays is even more astonishing because they are either in Spanish with subtitles or bilingual.

From Menudo to Plácido Domingo and Julio Iglesias, from Jim Plunkett to Lee Trevino, Nancy López and Ricardo Valenzuela, we are now very visible. Gone are the days when I strained my eyes and ears for Spanish surnames on television, in films and periodicals.

This *Cinco de Mayo* we can feel good about our accomplishments and celebrate that spirit. But, lest we become complacent, let us also remember those of our people still struggling with death and poverty in their home countries, or on the way to *el Norte,* or newly arrived in some *barrio.* It is good to celebrate a victory from long ago but we cannot forget that human chain from whence we came. It extends to Tierra del Fuego.

We are a group-oriented people, very much unlike the Anglo-American individualism Alexis de Toqueville described more than a hundred years ago. The Indo-Hispanic culture will enrich this country. Philosopher Jamake Highwater wrote, "*The greatest distance between people is not space but culture.*"

That distance has been lessened. Our new immigrants are not coming up here empty handed. They bring with them not the fears they left behind, but the dreams, and the spirit this country was built with. *¡Que Viva el Cinco de Mayo!*

La obra *Corridos*, del dramaturgo chicano Luis Valdez, fue calificada como la mejor presentación teatral de San Francisco en 1983, llevándose once galardones. Y en 1987, Valdez escribió y dirigió la película *La Bamba*, la cual fue un éxito en las taquillas.

El éxito y la popularidad de estas obras resulta todavía asombroso porque son habladas en español con sub-títulos, o bilingües.

Desde Menudo hasta Plácido Domingo y Julio Iglesias, desde Jim Plunkett hasta Lee Trevino, Nancy López y Fernando Valenzuela, somos ahora bien visibles. Ya pasaron los días en que esforzaba mis ojos por hallar apellidos hispanos en la televisión, las películas y los periódicos.

Este *Cinco de Mayo* podemos sentirnos contentos con nuestros éxitos y celebrar aquel espíritu. Pero, para no volvernos demasiado confiados, recordemos también a aquellos de los nuestros que aún luchan con la muerte y la pobreza en sus naciones natales, o en camino hacia el Norte, o recién llegados en algún barrio. Es bueno celebrar una victoria de antaño, pero no nos olvidemos de la cadena humana de nuestros orígenes. Se extiende hasta la Tierra del Fuego.

Somos gente gregaria, muy diferente de los individualistas anglo-americanos que describió Alexis de Tocqueville hace más de cien años. La cultura indo-hispánica enriquecerá a esta nación. El filósofo Jamake Highwater dijo que "La mayor distancia entre las personas no es el espacio, sino la cultura."

Esa distancia ha disminuido. Nuestros nuevos inmigrantes no vienen con las manos vacías. Traen con ellos no los temores que dejaron atrás, sino los sueños y el espíritu con que este país se edificó. *¡Que viva el Cinco de Mayo!*

José Antonio Burciaga

Hispanic Heritage Hangover

When it's their week, secretaries get taken to lunch, at
least. But during National Hispanic Week, I didn't even get
that. It's got me thinking that we should just do away with it. If
you examine it objectively, there's a lot wrong with National
Hispanic Heritage Week, even if the President does proclaim it.

In the first place, *Hispanic Heritage* does not account for our
Indian heritage. We have as much of an Indian culture as we do an
Hispanic culture. Maybe more. In the second place, it's sexist.
Hispanic should also be *Herspanic.* Or how about *Herpanic?* Or
Their panic?

Why, after two hundred years of putting us down or just
ignoring us, are they doing this to us? Is it a diversionary tactic?
A lure? A revelation? Remorse about Manifest Destiny? I wrote
down some possible answers:

(a) *It was an attempt to impress the Republicans.*

(b) *It was an attempt to impress the oppressed.*

(c) *It was a capitalistic ploy of the frozen Mexican food
corporations.*

(d) *All of the above.*

The last seems logical to me. Look at the reality of that week:
Unemployment was at a national high among Puerto Ricans, with
Blacks and other Indo-Hispanics close behind. And our undocumented brothers and sisters were getting the blame. Even Black
columnist William Raspberry jumped on the bandwagon.

Cruda de la herencia hispana

Cuando se celebra su semana, a las secretarias, cuando menos, se les lleva a almorzar. Pero durante la Semana Nacional de la Herencia Hispana, no conseguí ni siquiera eso. Lo cual me hizo pensar que deberíamos simplemente eliminarla. Considerándola objetivamente, hay algo equívoco en la Semana Nacional de la Herencia Hispana, aun cuando sea el Presidente mismo quien la proclame.

En primer lugar, la Herencia Hispana no toma en cuenta nuestra herencia indígena. Tenemos tanto de cultura indígena como de cultura hispana y posiblemente más. En segundo lugar, es sexista. *Hispano* (Hispanic) debería también ser *Hispana* (Herpanic).

¿Por qué, después de doscientos años de menospreciarnos o simplemente pasarnos por alto, nos están haciendo esto? ¿Es una táctica de distracción? ¿Un señuelo? ¿Una revelación? ¿Remordimiento por el Destino Manifiesto? Se me han ocurrido varias respuestas posibles:

(a) *Fue un intento de impresionar a los republicanos.*

(b) *Fue una tentativa de impresionar a los oprimidos.*

(c) *Fue un complot capitalista de las empresas que elaboran alimentos mexicanos congelados.*

(d) *Todos los arriba mencionados.*

El último me parece el más lógico. Consideremos la realidad de esa semana: El desempleo alcanzó el nivel nacional más elevado

Racist gun-toters still passed as law-enforcers. The U.S. Mexican border was guarded by the KKK, the Border Patrol and the Texas Rangers.

The beatitudes were ignored (as they were the fifty-one other weeks) and the thirsty, the hungry, the naked, and the sick were deported back home. Let us take a moment to reflect upon the Salvadoreños who expired under a brutal Arizona sun. What irony; they left El Salvador (*the Savior*) to meet their Maker in the desert.

But we should also look at the brighter side. *Mariachis* did a terrific business that week. *Burritos* and *tacos* were served in state and federal cafeterias. There were commemorations, declarations, proclamations, and art exhibits. Some teachers even took time out from exposing their students to bad King George and Sir Walter Raleigh to let them know that México celebrates its independence on September 16, not on the *Cinco de Mayo.* Maybe they even mentioned a few hispanic-american heros and heroines.

When I was a kid, I never learned about my history or my people, *porque* in those days it just wasn't chic to be a Chicano. In fact, in the sixteen years of education I received, Mexican-American history or Mexican-American contributions were never mentioned, much less discussed.

While México was commemorating its independence from the real Hispanics *de España* during the 1980 heritage celebration, the people of Guatemala, Nicaragua and El Salvador continued their revolutions without understanding the festivities of their cousins here. Puerto Rico was struggling with colonial chains despite a United Nations resolution calling for Uncle Sam to move his *burro*

entre los puertorriqueños, mientras que los negros y los
demás indo-hispanos no iban muy a la zaga. Y nuestros hermanos
y hermanas indocumentados se estaban llevando la culpa. Hasta el
columnista negro William Raspberry metió la cuchara.

Los racistas armados todavía pasaban por defensores de la
ley. La frontera entre los Estados Unidos y México estaba cus-
todiada por el Ku-Klux-Klan, la Patrulla Fronteriza y los *Rinches.*

Las bienaventuranzas se pasaron por alto (igual que en las
demás cincuenta y una semanas) y se deportaron a los sedientos, a
los hambrientos, a los desnudos y enfermos. Reflexionemos un
momento sobre los salvadoreños que murieron bajo el sol brutal de
Arizona. ¡Qué ironía! . . . Se fueron de El Salvador para enfren-
tarse con su *Creador* en el desierto.

Pero también deberíamos considerar el lado más positivo. Los
mariachis hicieron un negocio tremendo esa semana. Se sirvieron
burritos y tacos en las cafeterías federales y estatales. Hubieron
conmemoraciones, declaraciones, proclamaciones y exhibiciones
de arte. Algunos maestros decidieron abandonar al malo Rey
Jorge y a Sir Walter Raleigh para informar a sus alumnos que
México celebra su independencia el 16 de septiembre, no el *Cinco
de Mayo.* Incluso pueden haber mencionado a unos cuantos héroes
y heroínas hispano-americanos.

Cuando yo era muchacho, no aprendí nada de mi historia ni de
mi gente, porque en aquellos días no estaba de moda el ser chicano.
De hecho, en los diez y seis años de instrucción que recibí, nunca
se mencionó ni se discutió la historia del méxico-americano ni sus
contribuciones.

Mientras que México conmemoraba su independencia de los

off that Caribbean Island.

It may or may not have occurred to us during National Hispanic Heritage Week that we are not a minority. The Indo-Hispanic population on this continent far exceeds that of the Anglo population. In this country, we are the closet Third World people. As José Marti said, "We are in the belly of the beast." We are a bridge. Our ties to our mother country are replenished daily through language and culture by a continuous stream of men, women and children seeking the same opportunities some of us now enjoy.

If National Hispanic Heritage Week has a virtue, it is that it reminds us that we are a force that will forge a new era, not only in this country but south of the border, too.

----

verdaderos hispanos de España durante la celebración de 1980, los pueblos de Guatemala, Nicaragua y El Salvador continuaban sus revoluciones sin comprender estas festividades de sus primos del norte. Puerto Rico luchaba contra las cadenas coloniales, a pesar de una resolución de las Naciones Unidas que le pedía al Tío Sam que sacara su burro de esa isla del Caribe.

Se nos haya ocurrido o no durante la Semana Nacional de la Herencia Hispana, no somos una minoría. La población indo-hispana de este continente excede ampliamente a la de origen anglo. En este país, somos la gente del Tercer Mundo, metida, como dijo José Martí, dentro de las entrañas de la bestia. Somos un puente. Los lazos con nuestros orígenes se renovan diariamente mediante el idioma y la cultura de una corriente continua de hombres, mujeres, y niños que buscan las mismas oportunidades que disfrutamos nosotros.

Si la Semana Nacional de la Herencia Hispana tiene alguna virtud, es la de recordarnos que somos una fuerza que forjará una nueva época, no solamente en esta nación, sino también al sur de la frontera.

José Antonio Burciaga

The First Thanksgiving

I used to think Thanksgiving was one of the most beautiful
holidays this country has. It is the least commercialized, the
only day of the year when we can give thanks to the Almighty for
our many blessings. The holiday still churns up memories that go
back to my childhood in El Paso, Texas. We lived in the basement
of a Jewish synagogue, where my father was the janitor.

When I was nine years old, my brother and I were playing
outside with our friends in the brisk cold of a November day.
Towards the end of the afternoon, our friends went home to eat
turkey, pumpkin pie and all the trimmings. My brother and I
went home expecting the same. We sat down at the kitchen table
waiting for a feast. My mother put a plate of freshly made beans
before me. But as she served my five brothers and sisters and me,
she said in Spanish, "Give thanks to God for having something to
eat." Her voice quivered and we understood. My father didn't eat
with us that Thanksgiving. He was upstairs working.

When I was with the U.S. Air Force in Spain many years later,
our squadron treated the young residents of a local orphanage to
Thanksgiving dinner. It was an annual event. One year we gave all
the children new shoes, in many cases, their first pair. I
remember the young boy who opened his box, saw the shoes and
broke into a wide smile as a big tear ran down his cheek.

There are many versions of how Thanksgiving Day originated.
Throughout their history, most Indian tribes on this continent

El primer día de gracias

Solía pensar que el día de Acción de Gracias era uno de los más bellos días festivos que tiene esta nación. Es el menos comercializado, el único día del año en que podemos dar gracias al Todopoderoso por nuestras muchas bendiciones. Este día feriado aún me trae recuerdos que se remontan a mi niñez en El Paso, Texas. Vivíamos en el sótano de una sinagoga judía, de la cual mi padre era el portero.

Cuando yo tenía nueve años, un día de noviembre, mi hermano y yo estábamos jugando afuera al frío con nuestros amigos. Al atardecer, los amigos se fueron a sus casas a comer pavo, pastel de calabaza, y los demás platos festivos. Mi hermano y yo fuimos a casa esperando otro tanto. Nos sentamos a la mesa de la cocina esperando el festín. Mi madre me dio un plato de frijoles recién cocidos, y a medida que nos servía, a mis cinco hermanos y a mí, decía en español: "Den gracias a Dios por tener algo que comer." Su voz titubeó y nosotros comprendimos. Mi padre no comió con nosotros ese día de Acción de Gracias. Estaba trabajando.

Muchos años después, cuando yo prestaba servicios con la Fuerza Aérea Estadounidense en España, nuestro escuadrón invitó a jóvenes residentes de un orfanato local a la cena del día de Acción de Gracias. Era una celebración anual. Un año les regalamos zapatos nuevos a todos los niños; en muchos casos éstos eran su primer par. Recuerdo al adolescente que abrió su caja, vio los zapatos y brilló con una sonrisa amplia, mientras que

observed some form of corn harvest celebration. There are
popular tales which have the native Americans inviting the
Pilgrims to join in celebration with them. The Indians had shown
the Pilgrims many survival skills and shared their foods after the
disastrous winter of 1620-21.

One version is that the first Thanksgiving was actually a
going-away party the Indians had thrown for the Pilgrims. The
Pilgrims were ready to go back after a harsh winter had decimated
their number drastically. But after a bountiful harvest and
terrific party they procrastinated and never left. That would be a
nice version to believe.

William B. Newell, a Penobscot Indian and former chairman of
the Anthropology Department of the University of Connecticut,
offers another one. He says that the first official Thanksgiving Day
was celebrated by white settlers following their successful attack
on an Indian settlement when the Indians were conducting religious
ceremonies. According to Newell:

*Thanksgiving Day was first officially proclaimed by the
governor of the Massachusetts Bay Colony in 1637 to
commemorate the massacre of seven hundred men, women,
and children who were celebrating their annual green corn
dance, Thanksgiving Day to them, in their own house.
Gathered in this meeting place, they were attacked by
mercenaries, English and Dutch. The Indians were ordered
from the building and as they came forth they were shot
down. The rest were burned alive in the building. The
very next day the governor declared a Thanksgiving Day.
For the next hundred years, every Thanksgiving Day ordained*

una lágrima le corría por la mejilla.

Hay muchas versiones acerca de cómo se originó el día de Acción de Gracias. Durante su historia, muchas tribus indígenas de este continente efectuaban alguna clase de celebración por la cosecha de maíz. Hay leyendas populares que pintan a los norteamericanos nativos invitando a los peregrinos a participar en esta celebración. Los indígenas habían enseñado a los peregrinos el arte de sobrevivir y compartieron con ellos sus alimentos después del desastroso invierno de 1620 a 1621.

Una versión dice que el primer día de Acción de Gracias fue realmente una fiesta de despedida que los indígenas brindaron a los peregrinos. Se dice que después de haber sufrido un invierno que diezmó drásticamente sus filas, los peregrinos estaban listos para regresarse. Pero después de una cosecha abundante y una fiesta magnífica, decidieron quedarse. Esta sería una versión agradable de creer.

William B. Newell, indígena de la tribu Penobscot y ex-jefe del Departamento de Antropología de la Universidad de Connecticut, brinda otra versión. Dice que el primer día oficial de Acción de Gracias fue celebrado por colonizadores blancos después de un ataque exitoso contra un pueblo indígena, mientras los indios celebraban sus ceremonias religiosas. Según Newell:

El primer día de Acción de Gracias fue proclamado oficial-
mente por el Gobernador de Massachusetts en 1637 para
conmemorar la masacre de setecientos hombres, mujeres y
niños que celebraban, en su propia casa, la danza anual del
maíz verde, su día de Acción de Gracias. Reunidos en este
lugar de asamblea, fueron atacados por mercenarios britá-

by a governor was to honor a bloody victory, thanking God
that the battle had been won.

I like my fond memories better and wish that I had never
learned the last version. Or maybe it is better that we do know it.
The taste such history leaves on a day like Thanksgiving is
especially acrid. But for that, too, we can say, *Gracias.*

----

nicos y holandeses. Sacaron a los indígenas del edificio y a medida que salían los mataban a tiros. Los demás fueron quemados vivos en el edificio. Al otro día, el Gobernador declaró un día de Acción de Gracias. Durante los próximos cien años, cada día de Acción de Gracias proclamado por algún gobernador celebraba una victoria sangrienta, dando gracias a Dios por haber ganado la batalla.

Me gustan más mis recuerdos agradables, y desearía nunca haber oido la última versión. Pero quizás sea mejor que la conozcamos. Tal historia deja un gusto amargo en un día como el de la Acción de Gracias. Pero por eso también podemos decir *Gracias.*

This Side of the Tortilla

Este lado de la tortilla

I Remember Masa

My earliest memory of *tortillas* is my *Mamá* telling me not to
play with them. I had bitten eyeholes in one and was wearing
it as a mask at the dinner table.

As a child, I also used *tortillas* as hand warmers on cold days,
and my family claims that I owe my career as an artist to my
early experiments with *tortillas.* According to them, my clowning
around helped me develop a strong artistic foundation. I'm not so
sure, though. Sometimes I wore a *tortilla* on my head, like a
yarmulke, and yet I never had any great urge to convert from
Catholicism to Judaism. But who knows? They may be right.

For Mexicans over the centuries, the *tortilla* has served as
the spoon and the fork, the plate and the napkin. *Tortillas*
originated before the Mayan civilizations, perhaps predating
Europe's wheat bread. According to Mayan Mythology, the great
god Quetzalcoatl, realizing that the red ants knew the secret of
using maize as food, transformed himself into a black ant,
infiltrated the colony of red ants, and absconded with a grain of
corn. (Is it any wonder that to this day, black ants and red ants do
not get along?) Quetzalcoatl then put maize on the lips of the first
man and woman, Oxomoco and Cipactonal, so that they would
become strong. Maize festivals are still celebrated by many Indian
cultures of the Americas.

When I was growing up in El Paso, *tortillas* were part of my
daily life. I used to visit a *tortilla* factory in an ancient adobe

Recuerdo la masa

Mi recuerdo más temprano de las tortillas es que mi Mamá me decía que no jugara con ellas. Yo le había mordido agujeros como ojeras en una de ellas, y me la había puesto como máscara durante la comida.

Cuando era niño, también utilizaba las tortillas para calentarme las manos en los días fríos, y según mi familia, mi carrera de artista comenzó con mis experimentos tempranos con las tortillas. Según ellos, mis payaserías me ayudaron a desarrollar el sentido artístico. Por mi parte, no estoy tan seguro, a veces llevaba una tortilla en la cabeza, como un *yarmulke,* y no obstante, nunca me dio por convertirme del catolicismo al judaísmo. Pero, ¿quién sabe? Puede que ellos tengan razón.

Durante siglos, la tortilla ha servido de cuchara y tenedor, de plato y de servilleta para los mexicanos. Las tortillas se originaron antes de la civilización maya, quizás anticipándose al pan de trigo europeo. Según la mitología maya, el gran dios Quetzalcoatl, dándose cuenta de que las hormigas rojas conocían el secreto del maíz como alimento, se transformó en una hormiga negra, se infiltró en la colonia de hormigas rojas y salió con un grano de maíz. (No es de sorprenderse que, hasta la fecha, las hormigas negras y las rojas no se lleven bien.) Quetzalcoatl puso al maíz en los labios de Oxomoco y Cipactonal, el primer hombre y la primera mujer, para que llegaran a ser fuertes. Muchas culturas indígenas de las Americas aún celebran los festivales del maíz.

building near the open *mercado* in Ciudad Juárez. As I approached,
I could hear the rhythmic slapping of the *masa* as the skilled
vendors outside the factory formed it into balls and patted them
into perfectly round corn cakes between the palms of their hands.
The wonderful aroma and the speed with which the women counted
so many dozens of *tortillas* out of warm wicker baskets still
linger in my mind. Watching them at work convinced me that the
most handsome and *deliciosas tortillas* are handmade. Although
machines are faster, they can never adequately replace
generation-to-generation experience. There's no place in the
factory assembly line for the tender slaps that give each *tortilla*
character. The best thing that can be said about mass-producing
tortillas is that it makes it possible for many people to enjoy
them.

In the *mercado* where my mother shopped, we frequently
bought *taquitos de nopalitos,* small tacos filled with diced cactus,
onions, tomatoes, and *jalapeños.* Our friend Don Toribio showed us
how to make delicious, crunchy *taquitos* with dried, salted
pumpkin seeds. When you had no money for the filling, a poor
man's *taco* could be made by placing a warm *tortilla* on the left
palm, applying a sprinkle of salt, then rolling the *tortilla* up
quickly with the fingertips of the right hand. My own kids put
peanut butter and jelly on *tortillas*, which I think is truly
bicultural. And speaking of fast foods for kids, nothing beats a
quesadilla, a *tortilla* grilled-cheese sandwich.

Depending on what you intend to use them for, *tortillas* may
be made in various ways. Even a run-of-the-mill *tortilla* is
more than a flat corn cake. A skillfully cooked homemade *tortilla*

Cuando yo era niño en El Paso, las tortillas formaban parte de mi vida diaria. Cuando visitaba una fábrica de tortillas en un edificio viejo, hecho de adobe, cerca del mercado abierto en Ciudad Juárez, sentía el golpeteo rítmico de la masa, que los hábiles vendedores transformaban en bolas, dándoles palmadas hasta convertirlas en tortillas de maíz perfectamente redondas. El maravilloso aroma y la velocidad con la cual las mujeres contaban las docenas de tortillas al sacarlas de las canastas calientes, permanecen aún en mi memoria. Al observarlas mientras trabajaban me convencí de que las mejores y más deliciosas tortillas se hacen a mano. Las máquinas serán más rápidas, pero nunca podrán sustituir la experiencia transmitida de una generación a otra. No hay lugar en la mecanización de una fábrica para las palmadas tiernas que le dan carácter a cada tortilla. Lo mejor que puede decirse sobre las tortillas fabricadas al por mayor es que se permite que muchas personas disfruten de ellas.

En el mercado donde compraba mi madre, con frecuencia comprábamos *taquitos de nopalitos*, llenos de nopal picado, cebolla, tomate y chile jalapeño. Nuestro amigo Don Toribio nos enseñaba el modo de hacer *taquitos* deliciosos con pepitas saladas de calabaza. Cuando faltaba dinero para rellenarlos, el taco del pobre podía hacerse colocando una tortilla caliente en la palma de la mano izquierda, poniéndole una rociadita de sal y enrollándola rápidamente con las puntas de los dedos de la mano derecha. Mis propios hijos le ponen mantequilla de cacahuete y jalea a las tortillas, lo cual es verdaderamente bicultural. Y en cuanto a alimentos rápidos para niños, nada supera a una *quesadilla* : dos tortillas con queso a la parrilla.

has a bottom and a top; the top skin forms a pocket in which you put the filling that folds your *tortilla* into a taco. Paper-thin *tortillas* are used specifically for *flautas,* a type of taco that is filled, rolled, and then fried until crisp. The name *flauta* means *flute,* which probably refers to the Mayan bamboo flute, however the only sound that comes from an edible *flauta* is a delicious crunch that is music to the palate. In México *flautas* are some-times made as long as two feet and then cut into manageable segments. The opposite of *flautas* is *gorditas,* meaning *little fat ones.* These are very thick small *tortillas.*

The versatility of *tortillas* and corn does not end here. Besides being tasty and nourishing, they have spiritual and artistic qualities as well. The Tarahumara Indians of Chihuahua, for example, concocted a corn-based beer called *tesgüino,* which their descendants still make today. And everyone has read about the woman in New Mexico who was cooking her husband a *tortilla* one morning when the image of Jesus Christ miraculously appeared on it. Before they knew what was happening, the man's breakfast had become a local shrine.

Then there is *tortilla* art. Various Chicano artists throughout the Southwest have, when short of materials or just in a whim-sical mood, used a dry *tortilla* as a small, round canvas. And a few years back, at the height of the Chicano movement, a priest in Arizona got into trouble with the Church after he was discovered celebrating mass using a *tortilla* as the host. All of which only goes to show that while the *tortilla* may be a lowly corn cake, when the necessity arises, it can reach unexpected distinction.

Según para que las quiere, las tortillas pueden hacerse de varios modos. Hasta una tortilla producida al por mayor es más que una simple torta de maíz. La tortilla casera habilmente cocinada tiene un lado revés y un lado derecho; al doblarse forman un bolsillo en el cual se pone el relleno que convierte a la tortilla en un *taco* . Las tortillas finitas se usan específicamente para las *flautas*, que son tacos que se llenan, se enrollan y luego se fríen hasta que se tuesten. El nombre de *flauta* se refiere probablemente a la flauta de bambú de los mayas, pero el único sonido que sale de una *flauta* comestible es un crujido delicioso que es música para el paladar. En México se hacen las *flautas* del largo de dos pies, y luego se cortan en trozos más chicos. Además de las *flautas* están las *gorditas*, que son tortillas pequeñas y muy gruesas.

La versatilidad de las tortillas y del maíz no termina aquí. Además de tener buen sabor y de ser nutritivas, también tienen cualidades espirituales y artísticas. Los indígenas Tarahumaras de Chihuahua, por ejemplo, elaboraron una cerveza de maíz llamada *tesgüino*, que sus descendientes todavía fabrican. Y todo el mundo sabe el caso de la mujer de Nuevo México que estaba una mañana cocinándole una tortilla a su esposo, cuando la imagen de Jesucristo apareció milagrosamente sobre ella. Antes de que supieran lo que ocurría, el desayuno del hombre se había convertido en un santuario local.

Hay también el arte de las tortillas. Varios artistas chicanos en el suroeste de los Estados Unidos han empleado, cuando se les ha escaseado el material, una tortilla seca como lienzo redondo. Y hace unos cuantos años, en el medio del movimiento chicano, un sacerdote de Arizona tuvo dificultades con la Iglesia cuando se

Pressing Issues

There are many kinds of corn, many colors, and many sizes, ranging from those tiny, cute canned ears of corn to the Texas-size twelve-inchers. The most common type for making *tortillas* is white corn, with a big, meaty kernel, but your choice of colors does not stop here. Blue *tortillas* are one of the Southwest's finest products. Made from a natural variety of Indian blue corn, these *tortillas* have a deep slate-blue cast. There is also red and even black corn. I have always felt that red, white and blue tortillas would be a great Fouth of July food, but I fear that the Daughters of the American Revolution would frown on the idea.

Like in everything else, there are good, bad, and indifferent *tortillas*. A connoisseur can smell the quality of superior *tortillas*, and the only way to become a connoisseur is to learn the ins and outs of making them yourself.

You begin your lesson by buying the freshly prepared *masa* from a *tortilla* factory. If you live anywhere in the Southwest, there is probably one close to you. Just look in the Yellow Pages. The only time when it may be difficult to get the *masa* is around Christmas, when everyone is making *tamales* for Christmas Eve and New Year's Eve. But even so, it's not a bad idea to call first, because *tortillas* are made early in the morning and delivered throughout the day, and the factory might run short of *masa*. You can also use Quaker instant *masa harina,* which is carried by most supermarkets. The instructions are on the package. But don't try to use cornmeal; it will not do at all.

Now, let's say you ran out to your local *tortilla* factory and

descubrió que celebraba la Misa con una tortilla en lugar de la hostia. Lo cual demuestra que aun cuando la tortilla sea solamente una torta de maíz, al surgir la necesidad, logra una distinción inesperada.

Asuntos apremiantes

Hay muchas clases de maíz, muchos colores y tamaños, que fluctúan entre las diminutas mazorcas de maíz enlatadas hasta las de doce pulgadas, el tamaño tejano. La harina más común para hacer tortillas es la del maíz blanco, que tiene un grano grande y sustancioso, aunque la selección de colores no se termina aquí. Las tortillas azules son unos de los mejores productos del suroeste. Se hacen de maíz indígena azul que es una variedad natural, y tienen un matiz de color azul pizarra obscuro. Hay también maíz rojo y hasta negro. Siempre he creído que las tortillas rojas, blancas y azules serían un gran alimento para el Cuatro de Julio, pero temo que las Hijas de la Revolución Estadounidense no estarían de acuerdo.

Como todo lo demás, hay tortillas buenas, malas e indiferentes. Un conocedor puede oler la calidad de las tortillas superiores, y el único modo de llegar a ser un conocedor es aprender las vicisitudes de hacerlas uno mismo.

Se empieza la lección al comprar la masa recién preparada en una fábrica de tortillas. Si uno vive en cualquier parte del suroeste, habrá alguna cerca. Consulte las páginas amarillas de la guía telefónica. Sólo se hace difícil conseguir la masa alrededor de Navidad, cuando todo el mundo está haciendo tamales para la Noche

bought one and half pounds of prepared *masa*. While you were in the store you noticed several objects that looked like small printing presses. You asked what they were and the man told you they were *tortilla* presses. You blushed at your ignorance and decided you'd better get one. And it is best, unless you plan to slap the *masa* from one hand to the other till you get a perfectly round *tortilla*, which may very well be never. Take it from me, you are better off with a *tortilla* press, and the sturdier and heavier the better. They usually cost seven to ten dollars.

To be as authentic as possible you should also have a *comal*. What is a *comal*? A *comal* is a round, flat iron griddle that you put over the burner. They are hard to come by in the U.S., but fortunately you can get by without one. One or two big, heavy metal pans, lightly greased, will do nicely. An electric griddle will do in a pinch but sometimes it does not give sufficient heat.

You are now almost ready to make the first of many *tortillas* in your lifetime. The last things you need are two pieces of waxed paper or, better still, two pieces of polyethylene from a sandwich bag. Ideally, the plastic should be from a Bimbo Mexican brand bread wrapper. Put one of these pieces on the bottom plate of the press, roll a ball of *masa* one to two inches in diameter, and set it down lightly on the plastic. Put the second piece of plastic on top of the dough ball and squeeze the top of the press down very firmly. Open it and peel off the top piece of plastic, then place the *tortilla* in your hand and peel off the other piece of plastic. The order is important. If you try to peel the *tortilla* off the plastic, I guarantee you will make a big mess and have to start over.

Before you cook your creation, take one last look at it. Is it too

Buena y la Noche Vieja. Pero aún así, no es mala idea llamar primero, porque las tortillas se hacen temprano de mañana y pueden acabarse. También se puede usar la Masa Harina instantánea de la marca Quaker, que se vende en la mayoría de los supermercados. Las instrucciones están en el paquete. Pero no trate de emplear harina de maíz (corn meal); no le servirá de nada.

Supongamos que Ud. fue a su fábrica local de tortillas y compró una libra y media de masa preparada. Mientras estuvo en la tienda, observó algunos objectos que parecían pequeñas máquinas de imprenta. Al preguntar lo que eran, le explicaron que eran prensas para tortillas. Incomodado por su propia ignorancia, decidió comprar una. Hizo bien, a menos que se proponga a trasladar la masa de una mano a la otra, hasta obtener una tortilla perfectamente redonda, lo cual bien podría ser impossible. Hágame caso, compre una prensa para tortillas, mientras más resistente y pesada, mejor, que sólo cuesta de siete a diez dólares.

Para ser lo más auténtico posible, use un comal. ¿Qué es un comal? Un comal es una plancha de hierro redonda y plana, que se pone encima de la estufa. Cuesta trabajo hallarlos en los Estados Unidos, pero afortunadamente no son idispensables. Una o dos sartenes de metal grandes y pesadas, ligeramente untadas con grasa, le servirán muy bien. Una sartén eléctrica le servirá en caso de apuro, pero a veces no produce suficiente calor.

Ahora, Ud. está casi lista (o listo) para hacer la primera de muchas tortillas en su vida. Sólo faltan dos pedazos de papel encerados o mejor todavía de polietileno de una bolsa de sand-wiches. Lo mejor de todo sería el plástico empleado para envolver

gorda? You didn't press hard enough. Is it too grainy or too *seca.*
Well, amigo, you can still put a little more water in the dough, but
don't add too much or you will have another fine mess and the
plastic will never come off your *tortilla..* When you're sure all is
going well, carefully lay the *tortilla* on a hot pan or griddle over
medium heat. Some people like to slam them down and watch air
bubbles form in the dough, but that results in a *tortilla* with a
somewhat cratered surface

You are anxiously watching your first *tortilla* cook on the
griddle. When you see that the edges have begun to dry, flip it
over; if you let the edges dry out completely, they will be hard.
How do you flip it? Unless you have quick, experienced fingers,
you'd better use a spatula. After cooking the *tortilla* on the second
side, flip it back to the first side. If the *masa* and the heat are just
right, the *tortilla* will now puff up. The side that puffs up is the
right side, the thin top skin; this forms the fold pocket where the
fillings go when you make *tacos.*

When your *tortilla* is done, pick it up from the griddle and
place it between the folds of a thick kitchen towel or in a wicker
tortilla basket with a *sombrero* top, which you get at an import
store. These baskets insulate very effectively. Just put a cloth
napkin inside to absorb condensation. Continue pressing and cook
one *tortilla* at a time until the basket is full. Don't press all the
tortillas at once, or they will dry out.

Now, all this may seem a little trying the first time around,
but before you know it, making *tortillas* will become second
nature. You can easily reheat them by wrapping them in foil and
setting them in a 300-degree oven or toaster oven for five

el pan mexicano Bimbo. Coloque un pedazo de plástico en la plancha inferior de la prensa, haga una bola de masa de una a dos pulgadas de diámetro y asiéntela ligeramente sobre el plástico. Ponga el segunda pedazo de plástico encima de la bola de masa y cierre la prensa con firmeza. Abra la prensa y quítele el pedazo superior de plástico, ponga la tortilla en la mano y quítele el otro pedazo de plástico. Es importante seguir este orden. Si trata de quitar la tortilla del plástico, le garantizo que hará una revoltura y tendrá que empezar de nuevo.

Antes de cocinar su creación, échele un último vistazo. Si está demasiado gorda, no oprimió la prensa suficientemente. Si está demasiado granulosa, o demasiado seca, puede añadirle un poco más de agua a la masa, pero no le agregue demasiada o de lo contrario tendrá otra buena revoltura, y el plástico se pegará a la tortilla. Cuando esté seguro de que todo va bien, asiente cuidadosamente la tortilla sobre una sartén o plancha caliente, con calor mediano. Hay gente que le gusta tirar la tortilla sobre la plancha y ver como se forman burbujas de aire en la masa, pero eso resulta en una tortilla con superficie llena de cráteres.

Al observar con ansiedad su primera tortilla cocinándose en la plancha, cuide de que los bordes no se sequen demasiado. Si deja que los bordes se sequen por completo, se endurecerán. ¿Cómo se le da vuelta? A menos que sus dedos sean rápidos y expertos es mejor que utilice una espátula. Después de cocinar la tortilla por los dos lados, dele vuelta nuevamente. Si la masa y el calor están bien, la tortilla se inflará. El lado que se infla es el lado derecho, o lado superior; esto forma el bolsillo donde va el relleno al hacer los tacos.

minutes. And one of the best and highest uses of the microwave
oven is reheating *tortillas*; you can do a dozen in less than three
minutes, and they will stay moist.

Another method we sometimes use at home is to heat a pan and
use it like a *comal.*   But by far the best way to warm a *tortilla* is
to lay it directly over the flames of a gas burner for a few seconds.
I have amazed many a *gringo* friend by sticking my fingers into
the fire to flip a *tortilla*.. An electric burner will work too, but
you'll have to experiment to find the right setting. If the heat is
too intense, in one second your *tortilla* will burn and taste awful.
There are many ways to reheat *tortillas*, and it doesn't matter
which one you use as long as you don't let them go to waste.

Cuando haya terminado de cocinar la tortilla, quítela de la plancha y colóquela entre los dobleces de una toalla gruesa de cocina o en una canasta de mimbre que se usa para las tortillas y que tiene una tapa en forma de sombrero, la cual se puede comprar en una tienda de artículos importados. Estas canastas mantienen el calor muy eficazmente, pero hay que ponerles una servilleta de tela, para absorber la condensación. Continúe prensando y cocinando una tortilla a la vez, hasta que se llene la canasta. No prense todas las tortillas de una vez, o se le secarán.

Ahora bien, este proceso puede parecer algo difícil al principio pero, antes de que Ud. se dé cuenta, el hacer tortillas se convertirá en segunda naturaleza. Se pueden volver a calentar fácilmente, envolviéndolas en papel de aluminio y poniéndolas en el horno a 300 grados Farenheit durante cinco minutos. Uno de los mejores usos para el horno de micro-ondas es el de recalentar las tortillas; se puede recalentar una docena en menos de tres minutos, y permanecerán húmedas. Otro sistema que a veces empleamos en casa es el de calentar una sartén y emplearla a modo de comal. Pero sin duda que la mejor forma de calentar una tortilla es colocarla directamente sobre la llama de un quemador de gas durante algunos segundos. He asombrado a muchos amigos gringos metiendo mis dedos en el fuego para darle vuelta a una tortilla. Un quemador eléctrico servirá también, pero tendrá que experimentar para encontrar la temperatura justa. Si el calor es demasiado intenso, en un segundo su tortilla se quemará y tendrá mal sabor. Hay muchos modos de recalentar las tortillas, y no importa cuál emplee, siempre que no deje que se le echen a perder.

Flour Power

The flour *tortilla*, *comadre* to the corn *tortilla*, has a much shorter history. The flour *tortilla* orginated in the state of Sonora, the breadbasket of México. Like its maize counter-part, the flour *tortilla* or *tortilla de harina* has many forms, sizes, and styles. It is common in northern México and in the Southwestern United States but not at all well-known around México City.

In South Texas flour *tortillas* are small and thick. In West Texas they are medium-sized. In California it's a mixture, though big, thin types predominate. In Sonora and adjacent Arizona, *tortillas de harina* are large, eighteen to twenty-four inches in diameter. There they are folded and put next to your plate like napkins. The last time I was in Phoenix, instead of asking for a doggie bag I asked for an extra tortilla to carry the left-overs in. Later that night I had a fantastic *burrito* for a snack.

When a *burrito* is fried and served with *guacamole* and *salsa* on top it becomes a *chimichanga*.

Flour *tortillas* spoil faster than corn *tortillas*, though they do make wonderful sandwiches, even at classroom temperature. I remember going to school with a *burrito de chorizo con huevo* (Mexican sausage and eggs) and staining my brown lunch bag and khaki pants with grease. Across the school yard sat my friend Suzy with her Roy Rogers lunch box, spilling peanut butter and jelly from her white-bread sandwich onto her freshly pressed dress. For kids, cultural differences are sometimes not so large after all.

El poder de la harina

La tortilla de harina, comadre de la tortilla de maíz, tiene una historia mucho más reciente. La tortilla de harina se originó en el estado de Sonora, (la canasta de pan de México). Como su colega de maíz, la tortilla de harina tiene muchas formas, tamaños y estilos. Es común en el norte de México y en el suroeste de los Estados Unidos, pero no en la ciudad de México.

En el sur de Tejas, las tortillas de harina son pequeñas y gruesas. En el oeste de Tejas son de tamaño mediano. En California hay una mezcla, aunque predominan las grandes y delgadas. En Sonora y la adyacente Arizona, las tortillas de harina son grandes, de dieciocho pulgadas de diámetro. Allí las doblan y las ponen junto al plato, como servilletas. La última vez que estuve en Phoenix, en vez de pedir una bolsa para llevarle las sobras al perro (no tengo perro), pedí otra tortilla. Más tarde comí un burrito fantástico. Cuando se fríe un burrito y se sirve con guacamole y salsa se convierte en una *chimichanga*.

Las tortillas de harina se echan a perder con mayor rapidez que las de maíz, pero hacen unos burritos maravillosos, aun a la temperatura de los salones de clase. Recuerdo haber llevado a la escuela un burrito de chorizo con huevo, que manchó mi bolsa de papel y mis pantalones caquis de grasa. Al otro lado del patio de la escuela se sentó mi amiga Suzy, con su *lonchera* de Roy Rogers, derramando mantequilla de cacahuete y jalea sobre su vestido recien planchado. Para los niños, las diferencias culturales a veces no son tan grandes.

Para hacer dos docenas de tortillas de harina se necesita una

To make two dozen flour *tortillas* you need:

1 pound of sifted white flour

2 teaspoons salt

1/4 cup of lard, and

1 cup of warm water.

Place the flour into a bowl and cut in the lard as if you were making piecrust. Dissolve the salt in the water and add to the flour and lard to make a pliable dough; knead it until it is soft and elastic. Grease your hands and form dough balls one and a half inches in diameter or slightly bigger. On a floured board, use a rolling pin to roll out each dough ball to at least eight inches in diameter. You can't use a *tortilla* press because of the elasticity of the dough. Cook the *tortillas* on an iron griddle over medium heat, as you would corn *tortillas*.

With this same recipe my Mamá would sometimes make *sopaipillas*. First she would roll one and a quarter-inch balls of dough very thin, slice them pizza-style into four pieces, and then fry the wedges. After draining these puffy delicacies, she would roll them in sugar and cinnamon or pour honey on them. You can also make whole wheat *tortillas*, but don't try to fry these for *sopaipillas*; the dough is too coarse.

Once you know the beauties of both corn and flour *tortillas*, you may have trouble deciding which you prefer. Your choice will depend partly on tradition (some recipes call for a particular type) and partly on your mood. If you are a health-food addict you will be pleased to hear that the corn *tortilla* has no salt, saturated fats, or preservatives. Weight watchers should know that depending on size, the average corn *tortilla* has from 35 to 50

libra de harina blanca de trigo cernida, dos cucharaditas de sal, un
cuarto de taza de manteca de puerco y una taza de agua caliente.
Coloque la harina en un tazón y vaya agregándole la manteca, como
si estuviera haciendo la masa de un pastel. Disuelva la sal en el
agua y agréguesela a la harina para hacer una masa flexible;
amásela hasta que esté suave y elástica. Engrásese las manos y
forme bolas de masa de pulgada y media de diámetro. En una tabla
rociada de harina, use un rodillo para estirar cada bola de masa
hasta que tenga ocho pulgadas de diámetro. No se puede usar una
prensa para tortillas, debido a la elasticidad de la masa. Cocine
las tortillas sobre una plancha de hierro, temperatura mediana,
como si fueran tortillas de maíz.

 Con esta misma receta, mi mamá hacía a veces sopaipillas.
Primero, estiraba bolas de masa de pulgada y cuarto de diámetro
hasta que estuvieran muy delgadas, las partía en trozos al estilo
de la pizza y freía los pedazos. Después de escurrir estas
delicadezas infladas, las envolvía en azucar y canela, o les ponía
miel por encima. También se pueden hacer las tortillas de trigo
integral, pero no trate de freírlas para hacer sopaipillas; la masa
es demasiado gruesa.

 Una vez que aprenda las delicias de las tortillas, tanto las de
maíz como las de harina, le será difícil decidir cuáles prefiere. Su
selección dependerá en parte de la receta que requiere una clase o
la otra y en parte de su estado de ánimo. Si Ud. es una persona
adicta a los alimentos saludables, sabrá que la tortilla de maíz no
lleva sal, ni grasas saturadas ni preservativos. Los que vigilan su
peso debieran saber que la tortilla de maíz tiene un promedio de 35
a 50 calorías, mientras que una tortilla de harina tiene de 23 a 65

calories, while a flour *tortilla* has 23 to 65 calories, depending again on size and how much lard is used. Store-bought *tortillas* tend to have less lard. By comparison, a half-inch slice of white bread has 70 calories. As you can see, you are better off with a *tortilla*.

Consuming Passions

When I was in the service and the only *tortillas* I could get were Ashley's canned brand from El Paso, my mother took pity on me and mailed fresh ones special delivery. That was twenty-five years ago, when special delivery was actually special and delivered. I appreciated the homemade *tortillas* so much that she offered to get me my great-aunt's recipe for *tortilla* cookies, but I waited too long to accept her offer. Tía Nina died last year at the age of 94, taking the recipe with her. I can't share the *tortilla* cookie recipe, but I can do the next best thing and pass along these other family favorites:

Tostadas

In Mexican homes it is the custom to save all the day-old tortillas and pan-fry them. Presto! Tostadas (tostaditas, if they're small). This is why there is always a bowl of tortilla chips and hot sauce in Mexican restaurants. Of course, this is not to say that they are made from yesterday's tortillas.

calorías, según el tamaño y la manteca empleda. Por lo general, las tortillas que se compran en las tiendas tienen menos manteca. En comparación, una rebanada de pan blanco de media pulgada tiene 70 calorías. Como puede ver, sale ganando con la tortilla.

Pasiones consumidoras

Cuando estaba en el servicio militar y las únicas tortillas que podía conseguir eran las enlatadas marca Ashley de El Paso, mi madre me tuvo lástima y me envió tortillas frescas por correo de entrega especial. Eso fue hace veinticinco años, cuando el correo de entrega especial era realmente especial y se entregaba. Tanto aprecié las tortillas hechas en casa, que ella se ofreció conseguirme la receta de mi tía abuela para galletas de tortilla, pero esperé demasiado para pedírsela. Tía Niña murió el año pasado a la edad de 94 años, llevándose a la tumba su receta. No puedo compartir la receta para galletitas de tortilla, pero sí puedo ofrecerles algunas otras favoritas de la familia:

Tostadas

Es costumbre en las casas mexicanas el guardar todas las tortillas viejas y freírlas en una sartén. He aquí las tostadas (o tostaditas, si son pequeñas). Es la razón de que hay siempre tostaditas y salsa picante en los restaurantes mexicanos. Desde luego, esto no quiere decir que las hacen con las tortillas del día anterior.

Tortilla Soup

My mother's favorite way of using stale tortillas was in tortilla soup. First she made chicken or beef broth with tomatoes and spices for flavor. She always added a dash of cumin, which makes the difference with lots of Mexican soups. The tortillas are diced, fried, drained, and added to the bowls of soup at the last moment so the chips won't get soggy.

Albóndigas

Another great recipe for leftover-tortillas is albóndigas, Mexican meat matzo balls. Say you have a dozen stale tortillas. Grind them with a mortar and pestle or in a food processor, or for more authenticity use a metate, a Mexican mortar made from a volcanic stone. Then add one egg, one-quarter teaspoon salt, one-half cup of grated white cheese (such as farmer's cheese), and one-half cup of hot milk, and stir. Refrigerate the dough for an afternoon or overnight to allow the tortilla particles to soften. Later that day or the next morning knead the dough well and add more milk if necessary. From this dough make a dozen small balls, the albóndigas. In a frying pan heat the lard (other shortening will do, but lard is more authentic) and fry the albóndigas until they are golden brown. Drain well and they are ready to be added to soup; chopped cilantro makes an attractive topping.

Sopa de Tortillas

A mi madre le gustaba usar las tortillas viejas para hacer sopa de tortillas. Primero hacía un caldo de pollo o de carne, con tomates y especias para darle sabor. Siempre le agregaba una pizca de comino que le da un sabor especial a las sopas mexicanas. Las tortillas se cortan en pedazos pequeños, se fríen, se escurren y se agregan a la sopa en el momento de servir para evitar que se pongan pastosas.

Albóndigas

Otra receta sabrosa para las tortillas viejas son las albóndigas. Digamos que tiene una docena de tortillas de ayer. Muélalas en un mortero o en la licuadora, o para mayor autenticidad use un metate que es un mortero mexicano hecho de piedra volcánica. Agréguele un huevo, un cuarto de cucharadita de sal, media taza de queso blanco rallado y media taza de leche caliente; revuélvase todo. Ponga la masa en el refrigerador durante varias horas para que se ablanden los pedacitos de tortilla. Más tarde o al día siguiente, amásela bien y agréguele más leche si es necesario. De esta masa, haga una docena de bolas pequeñas, que son las albóndigas. Caliente manteca de puerco en una sartén (la grasa de vegetal serviría, pero la de puerco es más auténtica) y fríe las albóndigas hasta que se doren. Escúrralas bien y están listas para agregarse a la sopa; el cilantro picado hace un adorno atractivo.

José Antonio Burciaga

The Tall Ones
Are Ganging Up On Me

The City Council of Los Altos recently voted English as their official language. I understand the proceedings were all in the English language.

To say that Los Altos is teeming with swarthy Latino types would be a digression from the truth. To say that it has a small hispanic *barrio* would also be a lie. Except for a very few residents, the only Spanish-speakers in Los Altos are the gardeners, domestic servants, and probably a few restaurant workers.

For the most part, Los Altos is an affluent Anglo community located between San Francisco and San José, close to Silicon Valley. It has a population of 28,630, not counting gardeners, domestic servants and kitchen workers. Nonetheless, in keeping with an All-American patriotic trend, Los Altos joined a number of other cities across the country in voting English as its official language. In the same All-American spirit, I feel that Los Altos should have gone all the way and changed its Spanish name to *The Highs*, *Highlands,* or more appropriately, *The Tall Ones..*

All across the country, defenders of *ye olde English* would do well to authenticate in English all the foreign names of our cities and towns.

For example, here in California we could begin by translating *Los Baños* to *The Bathrooms* and *Sobrantes* to *Leftovers. San*

Los altos se me están echando encima

El concejo municipal de Los Altos, en el norte de California, votó recientemente al inglés como su idioma oficial. Tengo entendido que los trámites fueron efectuados en idioma inglés.

Afirmar que en Los Altos abundan los individuos latinos sería apartarse de la verdad. Decir que tiene un pequeño barrio hispano también sería una mentira. Con la excepción de algunos pocos residentes, las únicas personas de habla hispana en Los Altos son los jardineros, el personal doméstico y algunos empleados de los restaurantes.

En su mayoría, Los Altos es una comunidad anglo-americana adinerada, situada entre San Francisco y San José, cerca del Valle Silicón. Tiene una población de 28,630 personas, sin contar a los jardineros, sirvientes y cocineros. No obstante, para conformar con una tendencia patriótica estadounidense, Los Altos se unió a otras ciudades del país en votar por el inglés como idioma oficial. Con el mismo espíritu estadounidense, creo que Los Altos debiera haber llevado ese patriotismo hasta el punto de cambiar su nombre hispano a *The Highs, Highlands* o más bien *The Tall Ones.*

Por todo el país, los defensores del inglés de antaño harían bien en convertir al inglés todos los nombres extranjeros de nuestras ciudades y pueblos.

Por ejemplo, aquí en California podríamos empezar por traducir *Los Baños* a *Bathrooms* y *Sobrantes* a *Leftovers. San*

Francisco, of course, would be renamed *Saint Francis of Assisi.*
Atascadero could become *Mud Puddle; Manteca, Lard; Panocha,*
Brown Sugar; and *Aromas* could become *Smells* of California.
Palo Alto would be *Tall Stick,* and *San José , St Joe's* to
distinguish it from St Joseph, Missouri.

And what about *Los Angeles?* Anaheim already took away the
city's baseball Angels, so how about *Lost Angels* or *Lost Anglos?*

That's only California. Texas and other states have just as
many Spanish-named towns and cities. For example, *Tornillo,*
Texas, could easily be changed to *Screw,* Texas. *Laredo* could be
translated to a different musical scale, like *Doremi.* My hometown
of *El Paso* could be changed to *The Pass.*

Some of the changes could be image-shattering. For instance,
Amarillo, Texas, would not sound as *macho* if changed to *Yellow,*
Texas. But to conserve the purity of the English language,
Amarillo would have to go.

Both New Mexico and Texas have towns named *Socorro,* a fact
which could cause confusion in any language. So rather than
renaming them both *Help,* why not name one of them *Help I* and
the other *Help II?* If you help one, you should help the other, too.

In Florida, you may have heard of *Boca Ratón.* Would you like
to live in *Rat's Mouth,* Florida?

What's fair for Spanish names is fair for other non-English
names, of course. So *Baton Rouge,* Lousiana, would have to
convert to *Red Stick.* The list of communities founded by French,
Indian and German settlers is endless.

Some courageous legislator may soon introduce a bill to force
those of us with un-American names like *Anaya* or *Burciaga* or

Francisco, desde luego, cambiaría su nombre a *Saint Francis of Assissi; Atascadero* podría convertirse en *Mud Puddle; Manteca,* en *Lard; Panocha* en *Brown Sugar,* y *Aromas* se convertiría en *Smells,* California. *Palo Alto* sería *Tall Stick* y *San José* se convertiría en *Saint Joe's,* para distinguirlo del St. Joseph de Missouri.

¿Y Los Angeles? Anaheim ya le quitó el equipo de béisbol Angels, de modo que ¿porqué no llamarla *Lost Angels* o *Lost Anglos?*

Eso es solamente en California. Texas y otros estados tienen otros tantos pueblos y ciudades con nombres españoles. Por ejemplo, *Tornillo,* Texas, podría fácilmente cambiarse a *Screw,* Texas. *Laredo* podría traducirse a una escala musical diferente, como *Doremí.* Mi ciudad natal de *El Paso* podría convertirse en *The Pass.*

Algunos nombres perderían mucho con el cambio. Por ejemplo, *Amarillo,* Texas tendría un sonido menos viril como *Yellow,* Texas. Sin embargo, para conservar la pureza del idioma inglés, tendría que cambiarse de nombre.

En algunos casos, hay dos pueblos con nombres exactamente iguales. Tal es el caso de *Socorro,* New Mexico, y *Socorro,* Texas. Para evitar la confusión, yo sugeriría llamarlos *Help I* y *Help II.* Si se presta socorro a uno, habría que socorrer al otro también.

En la Florida, puede que hayan oído hablar de *Boca Ratón,* pero ¿les gustaría vivir en *Rat's Mouth,* Florida?

Y, por supuesto, lo que vale para el español, vale también para otros nombres extranjeros. De modo que Baton Rouge, Louisiana, tendría que cambiarse para *Red Stick.* La lista de nombres

Cisneros to change them, too. My friend *Nieves Palomares* would be rechristened *Ice Cream Pigeonhouse* and *José Feliciano* would answer to *Joe Happiness.* I don't know how to translate my friend *Facundo* into English. I guess they'll have to deport him.

If *Julio Iglesias* and *Plácido Domíngo* were to become permanent residents, they would need to adopt the names of *July Churches* and *Placid Sunday,* which could definitely hurt their record sales.

My monolingual Anglo friends sometimes complain about my name. They say it's too long. I ask them if they would prefer *Joseph Anthony Big-Headed?* In Spanish, my name has only nineteen characters. In English, it has twenty-two.

Perhaps there is no meanness in any of those Official-English patriots. Their intentions are undoubtedly the best. But they're making me one worried born-in-the-USA American. I'd hate to be rejected as *unofficial* just because some Tall Ones can't pronounce the name of their own home town.

----

franceses, alemanes, e indígenas es interminable.

El próximo paso sería que algún legislador valeroso presentara un projecto de ley para forzar a aquéllos de nosotros que tenemos nombres anti-estadounidenses, tales como *Anaya,* o *Burciaga*, o *Cisneros*, a cambiarlos. Mi amigo *Nieves Palomares* se convertiría en *Ice Cream Pigeonhouse* y *José Feliciano* pasaría a llamarse *Joe Happiness.* Algunos no serían tan fáciles de traducir. ¿Qué sería de Facundo por ejemplo? A lo mejor lo tendrían que deportar.

Y si *Julio Iglesias* y *Plácido Domíngo* se convertieran en residentes permanentes, tendrían que cambiar sus nombres a *July Churches* y *Placid Sunday,* lo cual podría afectar las ventas de su respectivos discos.

Mis amigos anglo-americanos monolingües se quejan a veces de mi nombre. Dicen que es demasiado largo. Yo les pregunto si preferirían que me llamara *Joseph Anthony Big-Headed.* En español, mi nombre sólo tiene diez y nueve letras. En inglés tendría veintidós.

Quizás no haya una pizca de maldad en estos patriotas que favorecen al inglés como idioma oficial. Pero me están convirtiendo en un estadounidense muy preocupado. Me molestaría que me rechazaran por no ser *oficial* sólo porque alguien en Los Altos no puede pronunciar el nombre de su pueblo.

Let Pete Live

The Gods are getting very demanding and not only to television evangelists. On April 1, Pete Duarte, executive director of La Fe Medical Clinic in the poor southside of El Paso, announced that Xochitlisquatl (pronounced So- cheet-leetz-qua-tul) would have to be appeased with a cool half million bucks for the restoration of the medical clinic or Duarte would be sacrificed according to ancient Aztec tradition.

According to Duarte, Xochitlisquatl means flower-of-health and is also the Goddess of Aztlán. Aztlán is the mythical promised land of the Southwest from which the Aztecs came and are scheduled to return in the form of undocumented aliens, Central Americans and Chicanos.

Unlike Oral Roberts, who received a call from God on his cellular phone while riding down the freeway in his limo, Duarte had to invoke Xochi because he had no other recourse, nor did he have the White God's phone number. "I had to reach into my Indian roots to come up with a fast solution," said Pete.

Duarte found Xochitlisquatl to be a lot closer than the white man's God. It goes to prove the Mexican axiom, "*So far from God and so near to the United States.*"

The invocation was done while Pete was jogging along a mountain road overlooking El Paso. Xochi responded immediately with a lightning flash that jogged Pete into a tailspin. It wasn't immediately known whether Xochi spoke to Pete in *official*

Dejen vivir a Pedrito

Los dioses se están poniendo muy exigentes y no solamente con los evangelistas de la televisión. El primero de abril, Pete Duarte, director ejecutivo de la Clínica Médica La Fe, en el barrio pobre del sur de El Paso, anunció que habrá que aplacar a Xochitlisquatl con medio millón de dólares para la restauración de la clínica médica, de lo contrario él será sacrificado según la antigua tradición azteca.

Según Durate, Xochitlisquatl quiere decir *la flor de la salud* y es también la diosa de Aztlán. Aztlán es la tierra prometida mítica del suroeste, de donde vienen los aztecas y a donde volverán en forma de ilegales, centro-americanos y chicanos.

A diferencia de Oral Roberts, que recibió una llamada de Dios en su teléfono mientras iba por la carretera expresa en su *limousine,* Duarte tuvo que invocar a Xochi porque no le quedaba otro recurso, y tampoco tenía el número telefónico del Gran Dios Blanco. "Tuve que adentrarme en mis raíces indígenas para lograr una solución rápida," confesó Pete.

Duarte descubrió que Xochitlisquatl estaba mucho más cerca que el Dios del hombre blanco, lo cual confirma el axioma latino-americano: *"Tan lejos de Dios y tan cerca de los Estados Unidos."*

La invocación se hizo mientras Pete corría a lo largo de un sendero de montaña desde el cual se divisaba la ciudad. Xochi respondió inmediatamente con un destello de relámpago que lo

English, in Spanish, or Nahuatl, or in the Chicano dialect known as *caló.* Neither was it apparent whether Xochi was in the country legally, with a green card, Visa, or Master Charge. The only comment from *la migra* was that anyone (except E.T.) traveling on air or in the space over any of these United States without proper documentation would be considered an illegal alien and treated as such.

"This fund-raiser is no April Fool's joke," said Duarte as he loosened his tie, soaked up worry beads from his forehead and gasped for air. Duarte rationalized that if Oral Roberts can call on the White God on national television and Lee Iacocca can call on the powerful deities in Congress to save Chrysler, then he, too, could call on his Goddess.

Pete only has until May 10, five days after *Cinco de Mayo,* to cough up $500,000 or else he might have to be sacrificed. In preparation for this event, Pete has marched off into the desert, led by two University of Texas-El Paso gardeners who will clear his way of rattlers, yucca and cactus. At the end of forty days, Pete will be led off to the highest mountain-top overlooking El Paso and La Fe Medical Clinic. He will then be sacrificed in a ritual so secret that they are still trying to find it.

In the desert, Pete has not been without his problems. He has already been tempted twice: once by a *coyote* who promised him heaven on earth in Cancún, México. And two, by a rattlesnake who offered him a sweet and juicy prickly pear from a cactus.

Pete has pleaded with the people of El Paso and Juárez, México, to come forth with their donations. "My belief in the Gods of Atzlán will be fulfilled by the people. I have faith," he said. La Fe

tumbó al suelo. No se supo inmediatamente si Xochi le habló a Pete
en el inglés oficial, en español, nahuatl o el dialecto chicano
bilingüe conocido por *caló*. Tampoco se supo si Xochi estaba
legalmente en el país, con tarjeta verde, Visa o Master Charge. El
único comentario de *la migra* fue que cualquiera (con excepción
del E.T.) que viajara por el aire o el espacio sobre cualquiera de
estos estados unidos sin la documentación adecuada, se consideraría
como un extranjero ilegal y se le trataría como tal.

   "Esta campaña para recaudar fondos no es ningún chiste," dijo
Pete Duarte mientras se aflojaba la corbata, se secaba las gotas de
sudor de la frente preocupada, y respiraba a grandes bocanadas.
Duarte razonaba que si Oral Roberts podría llamar al Dios Blanco
por la televisión nacional, y Lee Iacocca podría acudir a las
deidades poderosas del Congreso para salvar a la empresa
Chyrsler, entonces él también podría llamar a su diosa.

   Pete tiene un plazo de cuarenta días para recaudar los
$500,000 o atenerse a las consecuencias; el 10 de mayo, cinco
días después del *Cinco de Mayo*, podría ser sacrificado. Como
preparativo para esta eventualidad, Pete se ha ido al desierto,
precedido por dos jardineros de la Universidad de Tejas en El Paso,
que despejarán su camino de vívoras de cascabel, yucas y nopales.
Al final de los cuarenta días, Pete será llevado a la cima de la
montaña más elevada, con vista a El Paso y la Clínica Médica La Fe.
Allí se le sacrificará en un ritual tan secreto que aún están
tratando de encontrarlo.

   Pero no le ha faltado problemas en el desierto. Ya ha sido
tentado dos veces; una vez por un *coyote* que le prometió el cielo
sobre la tierra en Cancún, México. Y la otra por una vívora de

translates to The Faith Clinic in English.

La Fe Clinic has moved to a larger office and although it received $1.2 million in federal money to buy the building and for renovations, the money doesn't cover equipment costs for an X-ray machine, examination tables, waiting-room chairs and other miscellaneous equipment. An altar to Xochitlisquatl has not been planned.

A group of concerned citizens for La Fe Clinic has set up a fund called the *Let Pete Live Fund.* "The contributions would not only be tax-deductible," said Duarte, "but contributors also would receive a green card for legal residency in Aztlán, that mythical promised land."

Contributions may be sent to: *The Let Pete Live Fund,* P.O. Box 10640, El Paso, Texas 79996.

And may your sun shine brighter.

----

cascabel que le brindó una tuna dulce y jugosa, llena de espinas.

Pete ha acudido a los habitantes de El Paso y Juárez, México, para que hagan donaciones. "Mi creencia en los dioses de Aztlán será confirmada por el pueblo. Tengo fe," dijo Pete.

La Clínica de la Fe se ha mudado a una oficina más grande y aunque recibió $1.2 millones en dinero federal para comprar el edificio y renovarlo, los fondos no cubrían el costo de una máquina de rayos-X, las mesas de exámenes, las sillas del salón de espera y otros equipos varios. No se ha planeado un altar para Xochitlisquatl.

Un grupo de ciudadanos preocupados por la Clínica de La Fe ha establecido un fondo llamado el *Fondo para Dejar que Pedrito Viva.* "Los aportes a este fondo no sólo serían deducibles de los impuestos a las rentas," dijo Duarte, "sino que los donantes recibirían también una tarjeta verde para residir legalmente en Aztlán, la tierra mítica prometida."

Las donaciones pueden enviarse a:

The Let Pete Live Fund, P. O. Box 10640, El Paso, TX., 79996.

Y que su sol relumbre con más brillo.

Mexploitation

You see the glossy new ads by major alcohol and tobacco
corporations depicting the All-American Latino, complete
with the bronze tan, happy smile, and full moustache, about to
light up his favorite cigarette or guzzle a *fria,* a cold one, with his
multicultural buddies. Many would interpret this as progress. Not
long ago, we were *Frito Bandidos.*

But there's a difference between the cartoon stereotype of a
Latino as a mascot for corn chips and the contemporary advertise-
ments directed to the Latino market. We are being taken seriously
now because corporations see us in large numbers that compute
into dollars. Some call this affirmative action. Others call it cultural imperialism. I call it *Mexploitation.*

It wouldn't be so bad if the alcohol and tobacco corporations did
not stick out so blatantly. Pick up any of the few national maga-
zines catering to Latinos, and you will find the full back page
occupied by beer and cigarette ads.

Two leading U.S. tobacco companies, R. J. Reynolds and Philip
Morris, have donated thousands of dollars to the Congressional
Hispanic Caucus, presumably hoping not only to boost our political
clout, but to attract more Indo-Hispanic smokers. One Caucus
member, Kika de la Garza, D-Texas, chairs the House Agricultural
Committee which oversees tobacco legislation.

The R. J. Reynolds Corp. is providing, for the second straight
year, several four-month fellowships for Latino students to intern

Mexplotación

Los nuevos anuncios de las empresas fabricantes de bebidas
alcohólicas y de tabaco proyectan al *latino estadounidense* con
su piel bronceada, su sonrisa feliz y bigote ancho, encendiendo un
cigarrillo o tomándose una *fría* con sus camaradas multi-cultu-
rales. Muchos interpretarían esto como *progreso.* No hace
mucho, éramos *Frito-Bandidos.*

Pero hay una diferencia entre la caricatura del latino como
mascota de los productos de maíz y los anuncios contemporáneos
que se dirigen al mercado latino. Ahora nos toman seriamente
porque las empresas nos ven como grandes cifras que se traducen
en dólares. Algunos la llaman acción afirmativa a esta atención.
Otros la ven como imperialismo cultural. Yo la llamo *mexplotación.*

No sería tan malo si las empresas licoreras y tabacaleras no se
destacaran tan estridentemente. Cualquiera de las escasas revistas
nacionales que se publican para los latinos lucen anuncios de
página entera de cerveza y cigarrillos en la contra-portada.

Dos de las principales empresas tabacaleras estadounidenses,
R.J. Reynolds y Philip Morris, han aportado miles de dólares a la
Junta Congresional Hispano, presuntamente con miras no sólo de
aumentar nuestro empuje político, sino también de atraer a más
fumadores indo-hispanos. Un miembro de la Junta, Kika de la
Garza, demócrata de Texas, preside el Comité de Agricultura de la
Cámara que supervisa la legislación tabacalera.

with the Caucus in Washington. If more Latinos smoked, perhaps
we could get more internships and scholarships. How would you
like to graduate from college on the strength of the lungs of
others?

According to the Federal Department of Health-Human
Services, only thirty-three percent of all Latinos smoke. That's
well below the rate for other tested groups. Measured by federal
studies, U.S. Latinos have the lowest cancer rate of any ethnic
group. One reason for this low percentage is that very few Latinas
smoke. This is due to a moral and cultural tradition that is fast
disappearing, although most immigrants come from small,
conservative towns in México.

Today, alcohol is killing many Indo-Hispanics. Death rates
from cirrhosis of the liver are higher among Hispanic Americans
than for the general population. Problem drinking is greater
among U.S. Hispanics than others. The *cultura* of México and other
Latin American countries calls for toasts and drinking for most
celebrations. Baptisms of infants are traditionally adult
celebrations with plenty to eat and drink. *Corridos,* ballads, are
filled with references to drinking and tragedy as are country-
western songs. Drinking is very much a part of the Latino *macho*
myth.

To say that tobacco and alcohol corporations are the only ones
guilty of *Mexploitation* would be unfair. They just happen to do
the most damage to our health. There are many other major
corporations trying to make a fast Latino buck by giving seminars
and workshops on how to sell to *Hispanics.* Many corporations,
some infamous for their lack of affirmative action, are now hiring

La empresa R. J. Reynolds ofrece por segundo año consecutivo, cuatro becas de cuatro meses cada una para que estudiantes hispanos hagan internados con la Junta en Washington. Es posible que si más latinos fumaran, podríamos obtener más internados y becas. ¿Qué tal le gustaría graduarse de la escuela superior a costa de los pulmones de otros?

Según el Departamento Federal de Salud y Servicios Humanos, sólo el treinta y tres por ciento de todos los hispanos fuman, bien por debajo de la proporción de otros grupos estudiados. Según las estadísticas federales, los latinos de los Estados Unidos tienen la incidencia de cancer más reducida de cualquier grupo étnico. Este porcentaje es bajo debido a que muy pocas latinas fuman. Esto se debe a una tradición moral y cultural que viene despareciendo rápidamente, aunque la mayor parte de los inmigrantes proceden de pueblos pequeños tradicionales de México.

Hoy, el alcohol está matando a muchos hispanos. Las tasas de mortalidad debido a la cirrosis hepática son más elevadas en los hispano-americanos que entre la población general. El alcoholismo es mayor entre los hispanos de los Estados Unidos que entre otros grupos. La cultura de México y de otras naciones latinoamericanas incluye brindis y libaciones en la mayoría de las festividades. Las fiestas que celebran el bautismo de los niños son, tradicionalmente, celebraciones para los adultos con abundancia de alimentos y bebidas. Los corridos están llenos de referencias a la bebida y a la tragedia, al igual que las canciones populares "*country-western*" de los Estados Unidos. El beber es parte indispensable del mito del macho latino.

Afirmar que las empresas tabacaleras y licoreras son las

token Indo-Hispanic salesmen.

Corporations demonstrate their generosity to community
organizations by buying tickets to social functions, reserving
whole table at banquets, and often donating the liquor or beer. This
seems to be the extent of their concern. In reality, this generosity
is not charity. Besides gaining a tax write-off, the corporations
use their entrée to sell to us. In this consumer-oriented society,
Hispanics represent a new and lucrative market.

Whose is the blame? Not theirs alone, but ours, too. For
going along with the *Decade of the Hispanic* and riding like the
grand marshal in the parade. Recently, along with eleven other
Latino artists, I was commissioned to do a painting for the Miller
High Life *Hispanic Calendar.* I couldn't resist. As a free-lance
artist and writer, I needed the money. It was an easy thousand
dollars.

Now I wish I hadn't done it. I feel *Mexploited.*

únicas culpables de la *mexplotación* sería injusto. Creo que sólo
son las que causan mayores daños a nuestra salud. Hay muchas
otras empresas importantes que están tratando de ganarse
rápidamente los dólares de los hispanos, brindando instrucciones
sobre la forma de vender sus productos a los hispanos. Algunas de
ellas, famosas por su despreocupación por la acción afirmativa,
emplean a vendedores hispanos.

Las corporaciones demuestran su generosidad hacia las organi-
zaciones sociales adquiriendo boletos para sus funciones,
reservando mesas enteras para sus banquetes y regalando el licor o
la cerveza. Hasta aquí parece llegar la extensión de su interés. En
realidad esta generosidad no es caridad sino una deducción de sus
impuestos y un pretexto para vendernos sus productos. En esta
cultura orientada hacia el consumo, los hispanos somos un nuevo
mercado muy lucrativo.

¿De quién es la culpa? No solamente de las empresas sino
también de nosotros por dejarnos engañar con eso de la *Década de
los Hispanos.* Recientemente, junto con otros once artistas latinos,
me encargaron hacer una pintura para el *Calendario Hispano* de
Miller High Life. No pude resistir. Como artista y escritor
independiente, necesitaba el dinero. Eran mil dólares fáciles de
ganar.

Ahora me arrepiento. Me siento *mexplotado.*

Cruz Control
and the Chrysanthemums

Ron got home to find his roommate fast asleep, or so he thought, until he tried to wake him up. Juan de la Cruz Cuéllar had passed away as a result of an epileptic seizure.

Ron called Juan's sister Mary. The word soon spread amongst the small family and Juan's few friends. Juan's death was a surprise and yet it wasn't; it was sad and it was almost good news. Juan had finally got the best of life. He must have awakened dead and in his new-found peace probably laughed at life.

The obituary in *The San José Mercury* was so minimal it was misleading: *Juan C. Cuéllar, 53, gardener, graveside services at....*

But Juan was a landscape artist and more than just a gardener. He grew up in reformatory schools and spent most of his adult life behind bars. At the age of twenty-one he was arrested for possession of heroin. "Up until that time," said Juan, "I had never used drugs. That one time I was carrying it for an older friend whom I looked up to." Juan was sentenced to twenty years at San Quentin. "If that's not enough to break a young man's spirit...," he said.

Up until his death, he was in and out of prisons and jails all his life. His sister Mary recounts how the police and parole officers constantly hounded him. His adult convictions were all for drugs. But Juan never felt sorry for himself and never seemed angry or bitter. He soothed people with his gentleness, humor, and the book knowledge he had acquired during a lifetime in prison.

136

Cruz control y los crisantemos

Ron llegó a casa y encontró a su compañero de cuarto bien dormido, según pensó, hasta que trató de despertarlo. Juan de la Cruz Cuéllar había fallecido de un ataque epiléptico.

Ron llamó a Mary, la hermana de Juan. La noticia pronto se desparramó entre la pequeña familia y los pocos amigos de Juan. Su muerte había sido una sorpresa aunque no del todo; era una noticia a la vez triste y feliz. Juan había conseguido al fin lo mejor de la vida. Al despertarse muerto y en su nueva paz, probablemente se rió de la vida.

El obiturario en *El San José Mercury* era tan mínimo que casi engañaba. *Juan C. Cuéllar, 53, jardinero, servicios en el cementerio de. . . .*

Pero Juan era mucho más que un jardinero; era un artista del paisaje. Se había criado en reformatorios y había vivido la mayoría de su vida adulta detrás de las rejas. A la edad de veintiún años fue detenido en posesión de heroína. "Hasta ese día," dijo Juan, "yo nunca había usado drogas. Esa vez la llevaba para un amigo más viejo a quien yo admiraba." Juan fue sentenciado a veinte años en San Quentín. "Si eso no es lo suficiente para quebrar el espíritu de un joven. . . ," comentó.

Toda su vida, había entrado y salido de prisiones y cárceles. Su hermana Mary recuerda como la policía y los oficiales judiciales constantemente lo perseguían. Todas su sentencias de adulto fueron por drogas. Pero Juan jamás se tuvo lástima y nunca se vió

Juan became good friends with Chicano writers and poets in San José. Though he sometimes disappeared, we always knew he would reappear.

Most of the time he was a recluse at home. Shades drawn, he seemed to prefer the security that dark prisons had given him. "All I need," he once wrote, "is a good book, some paper and a pencil." Occasionally he would write long, fourteen-page letters with an incredibly sophisticated vocabulary, yet sincere and creative. Or he would call and in a whispering voice tell me of his consultations with Kierkegaard or of his mind blowing up with relevant thoughts. On grafitti, he would softly exclaim, "They wash them off or paint over them! That's the crux of the problem, *ese,* the people don't read!"

Despite his transgressions, Juan de la Cruz Cuéllar had high ideals and ambitions. He seemed quixotic by nature, and even looked like a Don Quixote with his white goatee and sad emaciated countenance. But he claimed he was nothing more than a *bato loco,* a crazy dude. In a letter he explained his place by quoting the Latin definition of "location" as *loco citato* - the place cited.

In his last prison stretch at Soledad, he welcomed the newly arrived prisoners by briefing them on the written and unwritten laws in prison. He defended them even at his own personal risk. His inmate friends called him Cruz Control.

He greatly admired Assemblyman John Vasconcellos' prison reform legislation and his Self-Esteem Task Force designed to promote self-esteem, and personal and social responsibility. Despite his lifelong drug problem and prison record, he maintained an uncommon dignity about himself. He was not only a

enojado o amargado. Apaciguaba a la gente con su nobleza, humor, y conocimiento de libros que había logrado leer durante su vida de prisión. Juan se hizo amigo de escritores y poetas Chicanos en San José. Aunque de vez en cuando desaparecía, siempre sabíamos que aparecería de nuevo

La mayoría del tiempo era un recluso en casa. Con las cortinas cerradas, parecía preferir la seguridad que las prisiones obscuras le habían dado. "Lo único que necesito," escribió una vez, "es un buen libro, papel, y un lápiz." Ocasionalmente escribía largas cartas de catorce páginas con un vocabulario increíblemente sofisticado, pero sincero y creativo. O me llamaba por teléfono y en voz baja me contaba de sus consultas con Kierkegaard, o do cu mente que reventaba con pensamientos pertinentes. Sobre *grafitti,* suavemente exclamaba, "¡Lo limpian o lo tapan con pintura! ¡Ese es el eje del asunto, *ese,* la gente no lee!"

A pesar de sus delitos, Juan de la Cruz Cuellar tenía altos ideales y ambiciones. Por naturaleza parecía quixotesco, y hasta se parecía a Don Quixote con su perilla blanca y una cara triste y extenuada. Pero él insistía que no era nada más que un *bato loco.* En una carta explicó su situación y citó la definición latina de *loco citato* - el lugar citado.

En su última estancia en la prisión de Soledad les daba la bien-venida a los prisioneros recién llegados informándoles sobre las leyes escritas e implícitas de la prisión. Los defendía hasta con riesgo personal. Sus amistades le llamaban *Cruz Control.*

Admiraba mucho a la legislación de reforma penal del político John Vasconcellos y su Comité de Estima Personal para promover la responsabilidad social. A pesar de su prontuario criminal y de

gentleman but a gentle man. Juan's main concerns were Chicano
high school dropouts and the number of Chicanos in prisons.

In his last days as a free man, he spent his time teaching
English and Spanish to Vietnamese and latino immigrants. And he
had one dream:

*I intend to establish a chain of one-room school houses and call
them Chrysanthemum Schools. It's been done before... In
1912, Sister Katherine Mary Drexel, opened a chain of
one-room elementary schools along the Mississippi Delta to
supplement the inadequate facilities for Blacks. She later
built high schools and junior colleges, culminating in 1915 by
the opening of Xavier University in New Orleans. She was
fifty-seven at that time. You would never guess but her major
work was in the West with Indians. She continued her work
until the age of ninety-seven. I dream of emulating such
works, José. Pray for me.*

But his dreams came to a halt at age fifty-three. He knew how
ill he was. In a journal that lay by his deathbed Juan wrote, "I'm
sicker than ten dogs, and not just ten ordinary dogs, like the kind
the government keeps for experiments. If I were like those dogs,
I'd be well..."

On a slope at Oak Hill Cemetery twenty family members and
friends, including two of his children, weathered the cold wind and
rain that whipped across the canopy to bid Juan a last farewell. On
his casket lay a wreath of chrysanthemums. Two poets each
dedicated a poem to him. And his roommate Ron, a young

ser adicto a las drogas durante toda su vida, Juan mantenía una dignidad poco común. No era solamente caballero sino un hombre gentil. Las preocupaciones mayores de Juan eran los estudiantes chicanos que no terminaban sus estudios de secundaria y el gran número de chicanos encarcelados.

En sus últimos días de hombre libre, pasaba el tiempo enseñando inglés y español a los inmigrantes vietnamitas y a los latinos. Y también tenía un sueño:

Tengo la intención de establecer una cadena de escuelas de un sólo salón de clase y llamarlas Escuelas Crisantemos, como se ha hecho anteriormente. En 1912, la Hermana Katherine Mary Drexel, abrió una cadena de escuelas primarias de un sólo salón a lo largo de la delta del Mississippi para suplementar las instituciones inadecuadas para los negros. Después, a los cincuenta y siete años, construyó escuelas secundarias y colegios, culminando en 1915 con la inauguración de la Xavier University en New Orleans. Es difícil imaginarlo, pero su mayor labor fue con los indios en el Oeste. Continuó su trabajo hasta la edad de noventa y siete años. Sueño con emular tales labores, José. Ruega por mí.

Pero sus sueños llegaron a un alto a los cincuenta y tres años. Sabía que estaba gravemente enfermo. En un diario al lado de su lecho de muerte, Juan había escrito, "Estoy más enfermo que diez perros, y no diez perros ordinarios como los que el gobierno emplea en sus laboratorios. Si estuviera como esos perros, estaría bien."

goateed Chicano ex-convict, paced like a caged animal, from the open grave to the grey sky, grunting heavily to keep from crying. His knitted cap in his hand, Ron's crew cut exposed a dented and scarred skull where police had beaten him. Through his teary eyes he blinked up at the raining sky, unbelieving and angry.

En una ladera del Cementerio Oak Hill, veinte familiares y amistades, incluyendo a sus dos hijos, aguantaron un viento frío y una lluvia que chicoteaba sobre el toldo para despedirse de Juan por última vez. Sobre su ataúd había una corona de crisantemos, y dos poetas le dedicaron sus versos.

Y Ron, su compañero de cuarto, un chicano barbudo y ex-reo, con el gorro tejido en la mano, caminaba como un animal enjaulado del sepulcro hacia el cielo gris, gruñiendo entre dientes para no llorar. El pelo rapado de Ron revelaba un cráneo hundido y cicatrizado donde la policía lo había golpeado. A través de sus ojos llorosos, parpadeó hacia el cielo lluvioso, incrédulo y rabioso.

José, Can You See?

I ndo-Hispanics run into daily questions and comments that
most other Americans never encounter. Some are downright
humorous, bewildering or maddening. I always try to keep my
composure, however. Take for example:

Because my name is José, I can't begin to tell you how many
people have to tell me the *Oh say (José) can you see*? joke. I once
walked into the women's restroom by mistake and a woman
acquaintance began to sing, *José, can you see*? I not only couldn't
see anything, but I also was embarrassed.

There are those who have to greet me in Spanish, *Bwaynose
dee-as, Segnor*. I don't mind that at all, even if I have to correct
their Spanish. But this usually results in a conversation about the
Spanish language.

"Do you speak Castilian or Mexican?"

There is no such thing as a Mexican language and Castile is the
region in Spain where Madrid the capital is located. Castilian is
the standard form of Spanish language. Having lived in Spain for
three years, I can tell you there isn't that much difference
between American Spanish and European Spanish.

Often I am asked, "Where did you learn to speak English so
well?" The questioner is usually from England, Australia, or the
Eastern U.S.

It also works the other way around. When I go to México and
use my Spanish, people can't place my accent, and they ask what

¿José, puedes ver?

Nosotros los indo-hispanos nos enfrentamos diariamente con preguntas y comentarios que la mayoría de los estadounidenses jamás escuchan. Algunas son francamente humorísticas, desconcertantes o enloquecedoras, pero siempre trato de mantener mi presencia de ánimo.

Ya que me llamo José, perdí la cuenta de cuantas personas me han hecho la broma del *Oh say, Hosay can you see*? Una vez entré por equivocación al cuarto de señoras y una conocida me empezó a cantar: *Ho-say can you see*? No solamente no veía nada, sino que también me sentí avergonzado.

Otros tienen que saludarme en español: *Bueynos días, señor*, con acento anglo. Eso no me importa, aun cuando tengo que corregirles su español. Pero este intercambio resulta casi siempre en una conversación acerca del idioma español.

"¿Habla Ud. castellano o mexicano?"

No hay tal cosa como un idioma mexicano, y Castilla la Vieja es la región de España donde se halla Madrid, la capital. El castellano es la forma oficial del idioma español. Por haber vivido en España durante tres años, puedo afirmar que no hay gran diferencia entre el español americano y el europeo, con la excepción de algunos modismos y regionalismos.

A menudo me preguntan: "¿Dónde aprendió Ud. a hablar tan bien el inglés?" El preguntón generalmente es inglés, australiano, o de la costa oriental de los Estados Unidos.

part of México I'm from. They usually go into cultural shock when I tell them I'm a Pocho or Chicano from *el otro lado*, the other side.

"Were you born in this country?" fellow *norteamericanos* often ask me.

"No, I was born in Texas," I answer.

Sometimes people ask, "How long have you lived in the States?" I usually answer, "What time is it now?"

"Do you dream in Spanish?" people like to know. "It depends on what's playing, Spanish for romance, English for nightmares."

"Do you think in Spanish before talking in English?"

"Sometimes, and sometimes I talk without thinking."

They also tell me, "I just have to go to México. That's the only way I'll learn Spanish." I answer, "You are in the fourth largest Spanish-speaking country in the world, where Los Angeles is the third largest Mexican-populated city in the world. We have hundreds of movie houses playing Latin American movies, an international Spanish-speaking television network and radio stations."

But the most inevitable question is, "Where is the best Mexican restaurant?" I answer with my favorite, always a non-deluxe hole-in-the-wall in the *barrio.*

"But isn't it dangerous going there?"

I know of no safer place. But I remember a line I overheard once: "Their *burritos* are fantastic but the neighborhood leaves something to be desired."

Then there are those who can't distinguish. "Oh, I just love Spanish food."

"Paella? I ask.

También funciona al revés. Cuando voy a México y hablo mi
español, la gente no puede identificar mi acento, y me preguntan de
qué parte de México soy. Les produce una sorpresa cultural cuando
les digo que soy *pocho* o chicano *del otro lado.*

"¿Nació Ud. en este país?" me preguntan a menudo mis com-
patriotas estadounidenses.

"No, nací en Texas," les contesto.

Algunas veces me preguntan: "¿Cuánto tiempo ha vivido Ud.
en los Estados Unidos?" Suelo responder: "¿Qué hora es ahora?"

"¿Sueña Ud. en español?" algunos quieren saber.

"Según de que se trate; en español para el amor, en inglés para
las pesadillas."

"¿Piensa Ud. en español antes de hablar en inglés?"

"Algunas veces, y otras hablo sin pensar."

También me dicen: "Tengo que ir a México. Es la única forma
de aprender español."

Y entonces les contesto: "Ud. está en el cuarto país hispanohablante del mundo, donde Los Angeles es la tercera ciudad de habitantes mexicanos del mundo. Tenemos cientos de teatros que
presentan películas latino-americanas, una red internacional de
televisión en español y de estaciones de radio."

Pero la pregunta más inevitable es: "¿Dónde está el mejor
restaurante mexicano?"

Siempre les describo mi favorito, un hueco en la pared sin
pretensiones en el barrio.

"¿Pero, no es peligroso ir allá?"

No conozco un lugar más seguro. Pero recuerdo un comentario
que escuché una vez: "Los burritos son fantásticos, pero la

"No, *enchiladders, taycos, tastadas,* you know what I mean."

During the hot summer days, I like to wear my *guayabera* tropical cotton shirt worn outside the trousers. Popular attire for waiters in Mexican restaurants, *guayaberas* elicit such remarks as: "Oh, you're wearing a waiter's shirt." That's better than when I was in grade school and the nuns made us tuck in our *guayaberas.*

Sometimes people get too personal. They stare at my wife, at me, and our kids and ask, "How come your children have blue eyes and blond hair?"

Cecilia and I look as Mexican as Olmec clay figures. Our Mexican fathers are both blue-eyed and blond (now gray). Every other generation those recessive genes pop out from the Indian in us to show our Spanish Basque heritage.

Can you see?

----

vecindad deja mucho que desear."

Hay otros que no pueden distinguir: "Oh, me encanta la comida española."

"¿La paella?" les pregunto.

"No, las enchiladas, los tacos, las tostadas. Ud. sabe lo que quiero decir."

Durante los días cálidos del verano, me gusta ponerme mi *guayabera,* una camisa tropical de algodón que se lleva por fuera de los pantalones. Como prenda popular de los mozos de los restaurantes mexicanos, las *guayaberas* producen comentarios tales como: "O, Ud. lleva una camisa de camarero." Pero peor todavía eran las monjas de la escuela primaria que nos obligaban a meter las guayaberas dentro de los pantalones.

A veces la gente es impertinente. Miran a mi esposa y a mis hijos, me miran a mí y me preguntan: "¿Cómo es que sus hijos tienen los ojos azules y el pelo rubio?"

Cecilia y yo parecemos tan mexicanos como las figuras olmecas de barro. Nuestros padres, ambos mexicanos, tienen ojos azules y pelo rubio. En cada segunda generación, los genes recesivos se asoman entre las características indígenas para mostrar nuestra herencia vasco-española.

¿Pueden Uds. verlo?

José Antonio Burciaga

The Great Hustle

During World War II, many Japanese-Americans lost homes, lands, and businesses when they were sent to relocation camps. Now, Senator Sam Hayakawa's reaction to those Japanese-Americans seeking compensation for their unconstitutional internment is that they have learned how to *hustle* the government from the Mexican and the Native Americans.

That raises the question: If Japanese-Americans learned to *hustle* from Native Americans and Chicanos, where did the Chicanos and Native Americans get the idea?

Learning to *hustle* the government has been going on for a long time. Cristobal Colón was one of the best hustlers in history. He conned the Spanish Queen Isabela into giving him three ships, manned and stocked, to find a new route to the Indies, a valuable marketplace. Colón never made it to the Indies but he thought he had, so he named the natives *Indians*. Christopher then began the task of claiming lands in the name of God and Queen.

In the spring of 1607, another three shiploads of supposed religious fanatics and political misfits arrived on the shores of Plymouth Rock. These were called *palefaces* by the Indians. The three ships were filled to the gills with blond, round-eyed adults and their off-spring. They called themselves the Plymouth Company. They had *hustled* stock to finance their new misadventure.

It seems that the Pilgrims were received with open arms,

150

La gran estafa

Durante la segunda guerra mundial, muchos japonés-americanos perdieron sus hogares, tierras y negocios cuando los internaron en los campamentos de concentración.

Según el Senador Hayakawa, los japonés-americanos que buscan indemnización por su encarcelamiento inconstitucional han aprendido de los méxico-americanos e indio-americanos como *estafar* al gobierno.

Esto sucita la siguiente pregunta: Si los japonés-americanos aprendieron de los indios y chicanos, ¿de dónde aprendieron estos últimos?

Aprender a *estafar* al gobierno es una práctica antigua. Cristóbal Colón fue uno de los mejores estafadores de la historia. Engatusó a la Reina Isabel para que le diera tres buques, equipados con hombres y provisiones para ir en busca de una nueva ruta hacia las Indias. Colón nunca llegó a las Indias pero creyó haber llegado, de modo que nombró a los nativos *indios*. Luego comenzó su tarea de ocupar tierras a nombre de Dios y de la reina.

En la primavera de 1607, otros tres buques cargados de supuestos fanáticos religiosos y mal adaptados políticos llegaron a las costas de la Roca de Plymouth. Los indios les llamaron *caras pálidas.*

Estos tres barcos se llenaron hasta el tope de gente rubia de ojos redondos y sus descendientes. Se conocían como la Compañía de Plymouth y habían *estafado* acciones para financiar su

but I'm sure there must have been some skeptical natives who
protested and wanted either to throw them back out to sea or
quarantine them in a reservation. Both were logical alternatives,
considering the many diseases the boat people brought, diseases
that wiped out a good percentage of the Native American population.
Small pox, measles, the common cold, and alchoholism were
unknown to Native Americans.

In 1626, Peter Minuit purchased the entire island of
Manhattan for the sum of $24 from a Native American. I like to
think that the Indian's name was Happy Cloud and that he took the
money and ran. It is still not known who got the better deal, or
who hustled whom.

To Happy Cloud, the sale must have been a big joke. Native
Americans essentially believe the earth is like a mother's bosom
that nurtures us. It was not for sale. It was free, like the air and
the water. Contrary to popular belief, the Water Department does
not own the water.

So Peter Minuit claimed the isle of Manhattan and began
constructing a big broad way with hitching posts that had hour
glasses attached. He called them parking meters. He also dreamed
of building a bridge, naming it *Brooklyn Bridge*, and someday
selling it.

The art of hustling continued throughout American history and
was refined to become a national pastime. It surfaced under such
headings as *Manifest Destiny* and *Go West, Young Man*. One after
another, the lands of the Indians and the Mexicans fell to it. The
Federal Department of Interior was created and the *hustling*
became regulated by law to protect the hustlers.

aventura.

Parace que los peregrinos fueron recibidos con los brazos abiertos, pero seguramente debe haber habido algunos indios escépticos que protestaron y que deseaban tirarlos de regreso al mar o ponerlos en cuarentena en un campamento. Ambas alternativas eran lógicas, si se consideran las muchas enfermedades que trajo la gente de los barcos, las que eliminaron un buen porcentaje de la población indígena. La viruela, el sarampión, el resfriado común y el alcoholismo eran desconocidos para los indígenas del nuevo continente.

En 1626, Peter Minuit compró toda la isla de Manhattan a un indio por la cantidad de veinticuatro dólares. Quiero creer que el nombre del indígena fue Nube Feliz y que al agarrar el dinero salió corriendo. Todavía no se sabe quien obtuvo el mejor negocio, o quien estafó a quien.

Para Nube Feliz, la venta debe haber sido una gran broma. Los indígenas creen que la tierra es como el seno de una madre que nos nutre. No estaba a la venta. Era gratis, como el aire y el agua. Al contrario de la creencia popular, el Departamento de Acueductos no es el propietario del agua.

De modo que Peter Minuit reclamó la propiedad de la isla de Manhattan y empezó a construir una avenida ancha (Broadway) con postes ataderos provistos de relojes de arena, que llamaba *parquímetros*. También soñaba con edificar un puente, nombrándolo el *Puente de Brooklyn,* para venderlo algún día.

El arte de estafar continuó durante toda la historia estadounidense y se refinó tanto que se convirtió en pasatiempo nacional.

Volvió a surgir en diversas formas, como por ejemplo *Destino*

So today Japanese-Americans join Chicanos and Native Americans in pursuit of what once was theirs. Some people call it justice.

Senator Hayakawa calls it *hustling the government.*

Manifiesto y *Joven, Dirígase al Oeste.* Una tras otra las tierras de los indios y los mexicanos sucumbieron al arte de *estafar.*

Con la creación del Departamento Federal del Interior, la *estafa* llegó a reglamentarse por ley para proteger a los estafadores. De modo que hoy los japonés-americanos se unen a los chicanos y a los indo-americanos en busca de lo que una vez les pertencía. Algunas personas le llaman justicia.

El Senador Hayakawa le llama *estafar al gobierno.*

The Other Side of the Tortilla

El otro lado de la tortilla

José Antonio Burciaga

To México With Love

Too frequently Chicanos have harshly lashed out at this country for the maltreatment we have suffered. Even though the grievances may be legitimate, there is another country that is much to blame, México.

Why?

Well, who are we?

We are descendants of the Mexicans who were abandoned by their old country after the conquest. Like orphans, we were left with a strange Anglo-Saxon stepfather who never really treated us like his own children. We spoke a different tongue and had a different culture. Uncle Sam always liked Johnny better than Juanito.

Those of us who arrived after the U.S. conquest of the Southwest are descendants of exiles and revolutionaries. The Mexican Revolution of 1910 was a bloody affair. There was nothing romantic about that war. My father and father-in-law still remember its horrors.

We are the descendants of those who came North after the revolution in search of bread and work. We are the descendants of *braceros,* wetbacks, and farm workers. We are the children of Sánchez whom México never educated.

Once this country adopted us after the conquest, México forgot all about us. The terms of the Treaty of Guadalupe Hidalgo that guaranteed our rights were never enforced, and México

Para México con cariño

En demasiadas ocasiones, los chicanos hemos fustigado duramente a este país por los malos tratos que hemos sufrido a lo largo de la historia. Aun cuando las quejas sean genuinas, hay otra nación que tiene gran parte de la culpa: México.

¿Por qué?

Bueno, ¿y quiénes somos nosotros?

Somos descendientes de los mexicanos que fueron abandonados por su país de origen después de la conquista. Como huérfanos, nos dejaron con un padrastro anglosajón que nunca nos trató como a sus propios hijos. Hablabamos un idioma distinto y teníamos una cultura diferente. Al tío Samuel siempre le gustó más Johnny que Juanito.

Aquellos de nosotros que llegamos después de la conquista del suroeste por parte de los Estados Unidos, somos descendientes de exilados y revolucionarios. La revolución mexicana de 1910 fue un asunto sangriento. Decenas de mexicanos se fueron de su país y vinieron para el norte. No hubo nada romántico en aquella guerra. Mi padre y mi suegro aún recuerdan sus horrores.

Somos los descendientes de los que vinieron al norte después de la revolución, buscando pan y trabajo. Somos los descendientes de los braceros, los mojados y los trabajadores agrícolas. Somos los hijos de Sánchez a quienes México nunca educó.

Una vez que esta nación nos adoptó después de la conquista, México se olvidó completamente de nosotros. Las condiciones del

complained very little.

A few years back, when Kissinger went to México to talk about a new bracero program, Chicano leaders decided to go, too, and they pressured the Mexican government not to sign. Part of their reasoning was that México sends workers to this country and never bothers to insure their welfare. I still remember the degradation, suffering and exploitation these men experienced. Texas-Mexican ballads recall those injustices.

As of late, México has become most patronizing about its long-lost sons and daughters. The Mexican Department of Education and many of its state and federal universities are now making new overtures to Chicanos in the form of scholarships, grants, student exchanges, and conferences.

Our growing influence and voting power mean a lot to México. Just as the Jewish people in this country lobby for Israel, and the Iranian students here stand up for their country, México feels that the Chicanos should stand up for its interests. And many in this country assume we will.

But we can't. We are North-American Mexicans. The fact is, many of us do not accept Mexican politics, including their one-party system. Tlatelolco, the armed repression of student demonstrations in México City just before the Olympics were held there, is still fresh in our minds. It made Kent State pale.

Tratado de Guadalupe Hidalgo, que garantizaban nuestros derechos, nunca se cumplieron, y México se quejó poco.

Hace unos cuantos años, cuando Kissinger fue a México para concretar un nuevo programa de braceros, algunos dirigentes chicanos también fueron para presionar al gobierno mexicano para que no lo firmara. El razonamiento era que México enviaba trabajadores a este país y nunca se molestaba en asegurarse de su bienestar. Aún recuerdo la degradación, el sufrimiento y la explotación que experimentaron estos trabajadores. Muchas canciones tejanas en español recuerdan esas injusticias.

Ultimamente, México se ha vuelto muy protector de sus hijos e hijas perdidos. La Secretaría de Instrucción Pública de México y las muchas universidades estatales y federales están haciendo nuevas propuestas a los chicanos, en forma de becas, subvenciones, intercambio de estudiantes y conferencias.

Nuestra influencia y poderío electoral significan mucho para México. Del mismo modo que los judíos de este país cabildean en favor de Israel, y que los estudiantes iranios defienden a su país, México razona que nosotros los chicanos debemos defender sus intereses. Y muchos en este país asumen que lo haremos.

Pero no podemos. Somos norte americanos-mexicanos. La verdad es que muchos de nosotros no aceptamos la política mexicana, incluyendo su sistema de un solo partido. Tlatelolco, la represión armada de las demostraciones estudiantiles en la Ciudad de México, está aún fresca en nuestras mentes. Comparado con Tlatelolco, el incidente de la Universidad de Kent State fue insignificante.

The Bribe

La *mordida,* the bribe, is being blamed as one of the causes for México's current woes. But the *mordida* is such an integral part of the Mexican way of life that it is almost impossible to weed out. The very origin of México is linked with the origin of the *mordida.* My mother, who taught school in México, reminded me of the story:

When the Aztecs arrived in the Valley of México in the 14th century, they settled on a marshy island in Lake Texcoco. There they witnessed an eagle atop a cactus with a serpent in its beak. This was the first *mordida,* the first bite. The sighting fulfilled an ancient prophecy and the Aztecs adopted the eagle as the emblem of their new home, Tenochtitlán. It also became México's national seal and appears on flags and on most Mexican coins. With the official national emblem affixed to most documents showing the eagle biting the serpent, no wonder some Mexicans believe the *mordida* to be institutionalized, constitutionalized, and a reality of life.

Another theory on the conception of the *mordida* dates back to México's colonial period. Commerce laws between Spain and its Mexican colony were so complex that King Fernando had to pay off officials to get past the red tape.

Today, the *mordida* tradition is established at the highest government echelon and works its way down. Mexican policemen and customs officials at the international bridges who come in daily contact with the populace are poorly paid and accept *mordida*

La mordida

Según algunos, *la mordida*, o sea el soborno, es una de las causas de las dificultades actuales de México. Pero la *mordida* es una parte tan integral del modo de vida mexicano que resulta casi imposible de eliminar. El origen mismo de México está asociado con el origen de la *mordida.* Mi madre, que era maestra de escuela en México, me recordaba la historia:

Cuando los aztecas llegaron al valle de los méxicas en el siglo XIV, se radicaron en una isla pantanosa del lago Texcoco. Allí observaron a un águila sobre un nopal con una serpiente en el pico. Esta fue la primera *mordida,* con la cual se cumplió una antigua profecía y los aztecas adoptaron al águila como emblema de su nueva morada, Tenochtitlán. Llegó a ser el sello nacional de México, y aparece en la bandera y en las monedas mexicanas.

Con un distintivo nacional oficial que aparece en los documentos, y que muestra al águila mordiendo a la serpiente, no es extraño que algunos mexicanos crean que la *mordida* ha sido institucionalizada, constitucionalizada y convertida en realidad cotidiana.

Otra teoría sobre la concepción de la *mordida* se remonta al período colonial de México. Las leyes que regulaban el comercio entre España y su colonia mexicana eran tan complejas que el Rey Fernando tuvo que sobornar a los funcionarios para deshacerse del papeleo burocrático.

Hoy, la tradición de la *mordida* se ha establecido en los más

as fringe benefits of their jobs, just as waiters take tips. Low-ranking officials have often had to rely on the *mordida* for a livelihood.

Mordidas are assessed indiscriminately, but especially to visitors from the U.S.A. There is a special justification or rationalization for applying the *mordida* to U.S. citizens. Uncle Sam was the biggest *mordelón* in Mexican history, biting off half of its national territory back in 1848.

Most *mordidas* along the border take place at the bridges or with the traffic and highway police. Califas (California) license plates in Juárez are special attention-getters. You can almost see the traffic policemen's eyes changing to dollar signs.

If Mexican nationals buy expensive appliances, television sets, or too much of anything to take back home, they know exactly what time to cross the bridge. The deal is made beforehand and high duty taxes are avoided.

Most *mordidas* on U.S. residents are for imagined or real traffic violations. U.S. travelers sometimes are expected to pay a *mordida* for *too much* luggage or cigarettes or liquor. If you lack a certain document that you were sure you would not need because the Mexican consulate told you so, then the customs official might ask you for one of three forms, *Forma Cinco, Forma Diez* or *Forma Veinte.* This translates to a five or ten-spot, or a twenty dollar bill.

Suppose that you are confronted with your first *mordida.* As Karl Malden would say in his American Express ads: "What would you do?" Smart *mordelones* don't accept traveler's checks which can be traced. I had a friend who wrote a fifty dollar check to stay

altos niveles del gobierno y funciona de arriba hacia abajo. Los agentes de policía y funcionarios aduaneros de los puentes internacionales que entran en contacto diario con la población reciben poca remuneración y aceptan la *mordida* como beneficio marginal de su empleo, de igual modo que los camareros aceptan las propinas. Con frecuencia, los funcionarios de menor categoría han tenido que depender de la *mordida* para sobrevivir.

Las *mordidas* se imponen indiscriminadamente, pero especialmente a los visitantes de los Estados Unidos. Hay una justificación especial para aplicar la *mordida* a los ciudadanos estadounidenses. El tío Samuel fue el mayor de los *mordelones* de la historia mexicana, sacándole la mitad de su territorio nacional en 1848.

La mayor parte de las *mordidas* a lo largo de la frontera tienen lugar en los puentes o por parte de la policía de tránsito y carreteras. Las placas de circulación de *Califas* (California) en Juárez merecen atención especial. Uno puede ver los ojos del agente de tránsito convertirse en signos de dólares.

Si los ciudadanos mexicanos compran aparatos eléctricos de alto precio, televisores, o cantidades excesivas de mercadería para llevar de vuelta a México, saben exactamente a que hora deben atravesar el puente. El trato se concierta de antemano, evitándose pagar aranceles elevados.

La mayoría de las *mordidas* contra los residentes de los Estados Unidos son por infracciones de tránsito imaginarias o verdaderas. Algunas veces se espera que los viajeros estadounidenses paguen una *mordida* por llevar *demasiado* equipaje, o cigarrillos, o licor. Si carece de cierto documento que

out of the Juárez jail. Then he put a stop-payment on it. When the
Mexican cop tried to use it to buy a portable air conditioner in El
Paso, he couldn't. But the next time my friend went to Juárez, he
was swiftly arrested.

One choice is to pay up. A second choice is to hold your ground.
Stand by your principles, come hell or high water. The only risk
you run is of standing by them behind bars. The third choice is to
have influential connections or a calling card from the local
Mexican mayor or chief of police. My father used to have one from
the chief of police because his niece lived next door to the chief. On
the back of the calling card the chief had written:

Please extend to my friend el Señor Don José Cruz Burciaga all
courtesies. Signed, Fulano de Tal, Comandante de la Policía
Judicial de Ciudad Juárez, Chihuahua.

Some people have connections on the state or federal level;
some, even higher. A family friend was returning to Juárez once
with a station wagon loaded to the roof with groceries. The food
was for a bazaar to benefit Our Lady of Guadalupe Church. When
she approached Mexican customs, the official advised her that it
would cost a fee. "Oh, is that right?" our friend answered.
"Well, this is not for me. It is for Our Lady of Guadalupe, so
charge her!"

Do not assume that all Mexican officials are on the take. It can
be as risky to try to bribe some of them as it is to try not to bribe
others.

Despite a legacy laced with *mordidas,* the country is making

Ud. estaba seguro de que no necesitaría, porque el cónsul mexicano se lo dijo, el funcionario aduanero podría pedirle uno de tres formularios, el formulario Cinco, el formulario Diez or el formulario Veinte. Lo cual se traduce por un billete de cinco, uno de diez, o uno de veinte dólares.

Supóngase que se vea enfrentado con su primera *mordida*. Como diría Karl Malden en los anuncios de la American Express: "¿Qué haría Ud.?" Los *mordelones* astutos no aceptan cheques de viajeros porque se pueden identificar. Un amigo mío entregó un cheque de cincuenta dólares para salir de la cárcel de Juárez. Luego le detuvo el pago al cheque. Cuando el agente mexicano trató de usarlo para comprar un acondicionador de aire portátil en El Paso, no pudo. Pero la próxima vez que mi amigo fue a Juárez, lo arrestaron rápidamente.

Una de las alternativas es pagar. Una segunda es mantenerse firme y atenerse a sus principios, no importa lo que pase. El único riesgo que corre es el de atenerse a ellos detrás de las rejas. La tercera alternativa es tener conocidos de influencia o una tarjeta de visita del alcalde o jefe de policía mexicano local. Mi padre acostumbraba llevar una del jefe de policía porque su sobrina era vecina del jefe. En el reverso de la tarjeta de visita, el jefe había escrito:

Sírvanse extender todas las cortesías a mi amigo, el Señor Don José Cruz Burciaga. Firmada: Fulano de Tal, Comandante de la Policía Judicial de Ciudad Juárez, Chihuahua.

Algunas personas tienen contactos al nivel estatal o federal;

an effort. There are now small signs in Spanish in many Mexican stores, restaurants, and bars, addressed to employers and employees. They read:

Protect tourism. It is one of our main industries and your livelihood.

----

otras los tienen aun más altos. Una amiga de la familia regresaba a Juárez una vez con una camioneta cargada hasta el techo de provisiones. Los alimentos eran para una kermés a beneficio de la iglesia de Nuestra Señora de Guadalupe. Cuando se acercó a la aduana mexicana, el funcionario le indicó que tendría que pagar algún impuesto. "O, ¿de veras?" contestó nuestra amiga. "Bueno, todo esto no es para mí. Es para Nuestra Señora de Guadalupe, de modo que cóbreselo a ella."

No crean que todos los funcionarios mexicanos aceptan sobornos. Puede ser tan arriesgado el tratar de sobornar algunos de ellos como no sobornar a otros.

A pesar de una historia llena de *mordidas,* el país está tratando de quitar la costumbre. Ahora hay letreritos en español en muchas tiendas mexicanas, restaurantes y bares dirigidos a los patrones y empleados que dicen:

Proteja al turismo. Es una de nuestras industrias principales y fuente de ingresos.

José Antonio Burciaga

Aztec Prophecies

Esperanza and *Milagros*, Spanish words for hope and
miracles, were the names given to some of the infants who
survived a toppled hospital in the México City earthquake. Born in
the middle of death and destruction, they symbolized the hope and
birth of a new age for the Mexican nation and other Indo-Hispanics
on the continent, according to Chicano playwright Luis Valdez,
founder of the Teatro Campesino, and scholar of Aztec thought and
culture.

Valdez said that the day before the earthquake he received a
call from a friend in México City who reminded him: "Tomorrow
is the day a significant event is prophesied for México by the Aztec
calendar."

As our calendar takes another turn and Latinos attempt to
guess what the new year may bring, perhaps the Aztec calendar
holds more insights. From where will the hope and miracles
come? And when?

The precision of the Aztec calendar is well known, but few
know its prophecies. On Good Friday, 1519, Hernán Cortéz
entered Tenochtitlán and captured the Aztec ruler Montezuma.
This was predicted and was the beginning of a new sun, the Fifth
Sun, also known as the Age of Earthquakes. That day is supposed
to have marked the beginning of a negative period slated to end on
August 16, 1987.

To those who believe, including Valdez, the earthquake and

Profecías aztecas

*E*speranza y *Milagros*, fueron nombres dados a aquellas
    criaturas recién nacidas que sobrevivieron el terremoto
que tumbó el hospital en la Ciudad de México.

Nacidos en medio de la destrucción y la muerte, simbolizan la
esperanza y el comienzo de una época nueva para México y para
otros indo-hispanos en el continente. Esto es la opinión del
dramaturgo Luis Valdez, fundador del Teatro Campesino, el cual
también es estudiante del pensamiento y la cultura azteca.

Valdez cuenta que un día antes del terremoto en la Ciudad de
México, recibió una llamada telefónica de un amigo quien le
recordó: "Mañana es el día en que el calendario azteca pronostica
un acontecimiento significativo para México."

Mientras nuestro calendario se acaba una vez más y los
latinos se esfuerzan para adivinar lo que traerá el año nuevo, el
calendario azteca pueda que tenga más revelaciones. ¿De dónde
vendrán la esperanza y los milagros? ¿Y cuándo?

La exactitud del calendario azteca es bien conocida, pero
pocos saben de sus profecías. El Viernes Santo, 1519, Hernán
Cortez entró a Tenochtitlán y capturó a Montezuma, el gobernador
azteca. Esto se profetizó como el comienzo de un nuevo sol, el
Quinto Sol, el cual es conocido como la Epoca de Terremotos. Ese
día se supone que comenzaba un período negativo, el cual
terminaría el 16 de agosto de 1987.

Para los creyentes como Valdez, el terremoto y la subsiguiente

subsequent volcano eruption in Columbia are signs that the negative period is almost over and that all conditions have been met.

The phenomenal influx of Latin Americans into this country was also prophesied by the Aztecs, who said that before the Sixth Sun begins "the people of the Sun" must migrate north.

Coincidental flukes? Maybe Third World science fiction? Perhaps, but even taken on a purely symbolic basis the message is powerful. Few will dispute that since 1519 the indigenous and Indo-Hispanic peoples on this continent have suffered one curse after another.

Of late, consider not only México City's earthquake and Colombia's volcano, but floods in Puerto Rico, wars in El Salvador and Nicaragua, political, social, economic and even religious unrest in nearly every Latin American country. With so much tragedy and chaos, hope and miracles are needed now more than ever. If the Aztecs were right, these may be near.

The waning of their calendar's negative period might be read in the rise of a new breed of Latin leaders. Once Latin American provincialism wouldn't allow military rulers to see past the nearest mountain range. Now leaders like Argentina's Raúl Alfonsín and Peru's Alan García represent a dramatic shift away from military rule. In this emerging age, right and left may no longer be the primary issues. Poverty, the economy, foreign debt and political stability have become unifying forces.

In this country the obstacles Latinos face are serious, and unifying as well. Every day more and more Latino artists, writers, entertainers and athletes not only make their mark but

erupción volcánica en Colombia son señales de que el período negativo ya se termina y que todas las condiciones se han cumplido.

La entrada fenomenal de latino-americanos a los Estados Unidos fue también profetizada por los aztecas, quienes creían que antes de que comenzara el Sexto Sol, el pueblo del Sol tendría que migrar hacia el norte.

¿Será coincidencia o tal vez ciencia ficción del tercer mundo? Es posible, pero aun siendo simbólico, el mensaje es poderoso. Pocos niegan que desde 1519, el indígena y el pueblo indo-hispano de este continente han sufrido una maldición tras otra.

Consideremos no solamente el terremoto en la Ciudad de México y la erupción volcánica en Colombia, pero también las inunda- ciones en Puerto Rico, las guerras en El Salvador y Nicaragua, la inquietud política, social, económica y religiosa en casi todos los paises latino-americanos. Con tanta tragedia y caos, la esperanza y el milagro se necesitan ahora más que nunca. Si los aztecas son exactos en sus profecías, estos están por hacerse realidad.

La declinación del período negativo profetizado en el calendario puede interpretarse en la aparición de nuevos líderes latinos. En una época de provincialismo latino-americano, los gobernantes militares no miraron al futuro. Hoy, líderes como Raúl Alfonsín de la Argentina y Alan García del Perú representan un alejamiento dramático del gobierno militar. En esta nueva época, la derecha y la izquierda ya no tendrán la importancia de antes. La pobreza, la economía, la dueda extranjera, y la estabilidad política se han convertido en fuerzas unificadoras.

En los Estados Unidos los obstáculos que los latinos enfrentan son serios, pero también unificantes. Cada día, más y más

begin to influence the culture and face of North America. "Despite the paranoia," said Luis Valdez, "it is inevitable. Just the numbers. There are too many of us."

Food, dress, music, religion, architecture and language are more and more injected with a Latin flavor. Today the Caribbean stretches from Río de Janeiro to New York where the sounds of Latin music and the tropics are as real as the cold and snow of Manhattan.

There are other signs of hope to mark on the Aztec calendar. The fifty percent dropout rate among Latino high school students is finally being addressed not only by Latinos but by industry and government.

Immigrants and refugees from México and Central America are receiving more help from churches and local governments, witness the recent votes by council members in Los Angeles, New York, Chicago and San Francisco to declare their cities sanctuaries. Latino mayors in Denver, Miami and San Antonio signal a new political era.

After years of neglect, government and industry are talking seriously to Latinos and they are doing so in Spanish. Making English the official language of this country cannot keep Spanish from proliferating, especially when business is banking on reaching the billion-dollar Hispanic market.

These profound and hopeful changes come to us not from our Hispanic culture but from our indigenous ancestors. *El Indio* and the Mestizo have not only survived defeat and conquest but have begun to fulfill their prophecies.

----

artistas, escritores y atletas latinos no solamente logran reconocimiento, sino que comienzan a moldear la cultura de los Estados Unidos. "A pesar de la paranoia," dice Luis Valdez, "estos cambios son inevitables." En cuanto a números, somos muchos.

La comida, la música, la religión, la arquitectura, el lenguaje, y la moda tienen más y más un sabor latino. Hoy el Caribe se extiende desde Río de Janiero hasta Nueva York donde los sonidos de la música latina y los trópicos son tan reales como el frío y la nieve de Manhattan.

Hay otras señales de esperanza que se pueden apuntar en el calendario azteca. El alto porcentaje (50%) de alumnos que no terminan la escuela secundaria al fin ha sido notado, no solamente por los latinos pero también por la industria y el gobierno.

Los inmigrantes y los refugiados de México y la América Central reciben más ayuda de las iglesias y del gobierno local. En un voto reciente, los miembros del Consejo en Los Angeles, Nueva York, Chicago, y San Francisco declararon a sus ciudades como santuarios. Los alcaldes latinos de Denver, Miami, y San Antonio señalan el comienzo de una nueva época política.

Después de años de abandono, el gobierno y la industria hablan seriamente con los latinos, y lo hacen en español. Declarando el inglés como el idioma oficial de los Estados Unidos no podrá detener la proliferación del español, especialmente cuando los negociantes cuentan en el mercado hispano con un billón de dólares.

Estos profundos cambios nos vienen no de nuestra cultura hispana, sino de nuestros antepasados indígenas. El indio y el mestizo no sólo han sobrevivido la derrota y la conquista, sino que han hecho profecías que ya comienzan a cumplirse.

José Antonio Burciaga

The Invasion That Failed

When I asked my seventy-six-year-old mother what she thought of the Grenada invasion, she pursed her lips and shrugged her shoulders. Her eyes looked up and away as she recaptured, in Spanish, some childhood memories.

"In 1916, *el famoso* General Pershing led his punitive expedition into Chihuahua, México. He was in search of Pancho Villa, dead or alive, for having attacked Columbus, New Mexico. I remember hearing, and later reading, about the *soldados americanos* straggling back across the desert in defeat."

Though I didn't question her memory, I had never heard of the defeat. But a couple of days later, my mother, a former Mexican school teacher, presented me with proof, a history book published by the Universidad de Chihuahua.

"Here it is," she said, "*en blanco y negro.*"

It occurred near the town of Carrizal, Chihuahua, seventy-five miles south of the El Paso-Ciudad Juárez border on June 21, 1916, the hottest month in the desert. At Carrizal, General Félix U. Gómez commanded the Second Regiment of the Canales Brigade with two hundred and sixty-one men.

Advancing from the North American side were cavalry companies 'C' and 'K' of the Tenth Regiment, commanded by Captains Charles T. Boyd and Lewis S. Morrey, each with forty-five soldiers. At Hacienda de Santa Domingo, the two companies joined forces and Captain Boyd took command. They continued their

176

La invasión que falló

Mi madre, de setenta y seis años de edad, apretó los labios y se encogió de hombros cuando le pregunté qué pensaba de la invasión de Grenada. Sus ojos miraron hacia arriba y a lo lejos mientras recordaba, en español, las memorias de su niñez.

"En 1916, el famoso general Pershing llevó a su expedición punitiva a Chihuahua, México. Iba en busca de Pancho Villa, vivo o muerto, por haber atacado a Columbus, New Mexico. Recuerdo haber oído y leído sobre los soldados americanos que regresaron en desorden y derrotados a través del desierto."

Aunque no puse en tela de juicio su memoria, nunca había oído de esa derrota. Pero algunos días después, mi madre, que había sido maestra de escuela en México, me presentó la prueba, un libro de historia publicado por la Universidad de Chihuahua.

"Aquí está," dijo ella, "en blanco y negro."

Todo sucedió cerca del pueblo de Carrizal, estado de Chihuahua, a setenta y cinco millas al sur de la frontera de El Paso y Ciudad Juárez, el 21 de junio de 1916, el mes más caluroso en el desierto. En Carrizal, el General Félix U. Gómez encabezaba al Segundo Regimiento de la Brigada de Canales, con doscientos sesenta y un hombres.

Avanzaban desde el lado norteamericano las companías 'C' y 'K' de la caballería del Décimo Regimiento, al mando de los Capitanes Charles T. Boyd y Lewis S. Morrey, cada una con cuarenta y cinco soldados. En la Hacienda de Santo Domingo, las dos compañías

journey south toward Villa Ahumada with the pretext of looking
for a deserter and for Villistas.

General Gómez sent Lieutenant Colonel Genovevo Rivas to
confer with the North American commander. Colonel Rivas's task
was to advise *los americanos* that Gómez had orders from the
national government to prevent their movement in any direction
other than north, back across the border.

Captain Boyd refused the warning, so General Gómez
personally interviewed the young captain. Captain Boyd had his
own orders and he let the Mexican general know that they would
advance south, over Mexican forces, if necessary.

General Gómez returned to the town of Carrizal. It was seven
a.m. and relatively cool when the battle broke out. Minutes later,
General Gómez became one of the first casualties and Colonel
Rivas assumed command. The U.S. soldiers were surrounded and
in two hours almost annihilated. Accepting their impossible
predicament, the last seventeen U.S. soldiers surrendered.

This historical account lists the 22 horses, 31 rifles, 3,226
bullets, seven pistols and other objects which were returned to
the United States along with the prisoners. The Mexican forces
suffered the loss of their commanding general, four officers and
twenty six troops. Nine officers and thirty two soldiers were
wounded.

Many innocent Mexican people were killed by General
Pershing's troops; suspected of being Villistas or sympathizers.
But overall, General Pershing's Punitive Expedition into México
was not only unsuccessful, but embarassing. President Woodrow
Wilson had thought the Mexican government would appreciate the

reunieron sus fuerzas y el capitán Boyd tomó el mando. Entonces continuaron su recorrido hacia el sur, hacia Villa Ahumada, con el pretexto de buscar a un desertor y a los "villistas".

El general Gómez envió al Teniente Coronel Genovevo Rivas a conferenciar con el comandante norteamericano. La encomienda del coronel Rivas era la de informar a los americanos que el general Gómez tenía órdenes del Gobierno Nacional de prohibir su avance en cualquier dirección que no fuera hacia el norte, de regreso a través de la frontera.

El capitán Boyd rechazó la advertencia, de modo que el general Gómez entrevistó personalmente al capitán joven. El capitán Boyd tenía sus propias órdenes e hizo saber al general mexicano que avanzaría hacia el sur y por encima de las fuerzas mexicanas, al ser necesario.

El general Gómez regresó al pueblo de Carrizal. Eran las siete de la mañana con tiempo fresco cuando empezó la batalla. A los pocos minutos, el general Gómez se convirtió en una de las primeras bajas y el coronel Rivas asumió el mando. Los soldados estadounidenses quedaron rodeados y casi aniquilados en dos horas, menos los últimos diecisiete hombres que se rindieron, al darse cuenta de su situación imposible.

El relato histórico da cuenta de los 22 caballos, 31 rifles, 3,226 balas, siete pistolas y otros objetos que fueron devueltos a los Estados Unidos junto con los prisioneros. Las fuerzas mexicanas sufrieron la pérdida de su comandante oficial, cuatro oficiales y 26 soldados. Nueve oficiales y 32 soldados resultaron heridos.

Muchos mexicanos inocentes fueron muertos por las tropas del

Punitive Expedition's attempt to search out and destroy Pancho
Villa and his *revolucionarios.*

By February of the following year, all U.S. troops were out of
México and General Pershing went to Europe to fight World War I.

At Carrizal, México chose to safeguard her national honor and
sovereignty. She chose to put up with her own revolution rather
than have foreign troops on her soil. Two years earlier, the
Mexican port of Veracruz had suffered a Yankee invasion, my
mother recalled. Fifty years earlier, México had lost half its
territory to the U.S.

"*Los humildes no carecen de valentía,*" she said. The poor do
not lack courage.

What my mother was telling me with her pursed lips and
shrugged shoulders was that things have not changed much in the
last seventy years. Since 1914, the United States has invaded
Central American countries more than twenty-two times. But it
wasn't only the invasion of Grenada and the fact that our military
advisers and Marines are in Central America that reminded my
mother of 1916. She had also read about the Pershing missiles in
Europe.

It's ironic how history repeats itself. Even the characters
return.

----

general Pershing por ser *villistas* o simpatizantes de Villa. Pero
la expedición punitiva del general Pershing dentro de México no
sólo fracazó sino que fue bochornosa. El Presidente Woodrow
Wilson creyó que el gobierno mexicano agradecería la colabora-
ción de la expedición punitiva al buscar y destruir a Pancho Villa y
a sus revolucionarios.

Para febrero de 1917, todas las tropas estadounidenses habían
salido de México y el general Pershing fue a Europa, a combatir en
la Primera Guerra Mundial.

México salvaguardó su honor y soberanía nacional. Eligió
hacer frente a su propia revolución y combatirla antes que aceptar
a tropas extranjeras en su suelo. Dos años antes, recordó mi
madre, el puerto mexicano de Veracruz había sufrido una invasión
yanqui. Cincuenta años antes de eso, México había perdido la mitad
de su territorio a los Estados Unidos.

"Los humildes no carecen de valentía," me recordó.

Lo que mi madre me decía con sus labios contraídos y sus
hombros encogidos, era que las cosas no habian cambiado mucho
desde 1916. Desde 1914, los Estados Unidos ha invadido a otras
naciones centro-americanas más de veintidós veces. Pero no fue
solamente la invasión de Granada, los asesores militares y los
infantes de marina en la América Central los que la hicieron
acordarse de 1916. Ella también había oído y leído acerca de los
proyectiles Pershing en Europa.

Es irónico cómo la historia se repite y sus personajes vuelven
a aparecer.

José Antonio Burciaga

The Mexican Archipelago

México should have talked to Argentina about the Malvinas before the Argentines took military action. México is quite experienced at having lost real estate. It lost close to half its national territory to the United States with the Treaty of Guadalupe Hidalgo and Manifest Destiny. In fact, Mexicans still claim the islands off the coast of California.

Under the 1848 Treaty of Guadalupe Hidalgo, México ceded all of the Southwest, extending to the coast of California, to this country. The treaty's boundary descriptions were very explicit about what belonged to whom, from wherever to the coast. But somehow, someone forgot to include a group of nine islands off the coast of Los Angeles and Santa Barbara, plus one island off the San Francisco Bay. So, technically, the ten islands still belong to México.

When the Malvinas-Falkland crisis burst, the Mexican media began to remember those islands off the coast of California. Alberto Beltrán, a friend and noted Mexican artist and political cartoonist, joked that if the Mexican economy got any worse, México should invade the *Archipiélago del Norte* , just as Argentina had done.

The islands are Santa Barbara, San Miguel, Santa Rosa, Santa Cruz, San Nicolás, Santa Catalina, San Clemente, three small Anacapa Islands, and Farallón off San Francisco. San Miguel, San Nicolás, San Clemente, Anacapa and Farallón form part of the U.S.

182

El archipiélago mexicano

México debiera haber consultado con la Argentina sobre las Islas Malvinas antes de que los argentinos emprendieran su acción militar. México tiene mucha experiencia en perder bienes inmuebles ya que perdió cerca de la mitad de su territorio nacional a los Estados Unidos en el Tratado de Guadalupe Hidalgo y a causa de la teoría del Destino Manifiesto. En verdad, los mexicanos aún reclaman las islas que se hallan frente a la costa de California.

Bajo el Tratado de Guadalupe Hidalgo de 1848, México cedió a los Estados Unidos todo el suroeste, que se extiende hasta la costa de California. Las descripciones de fronteras del tratado eran muy explícitas acerca de lo que pertenecía a cada país, pero de alguna manera a alguien se le olvidó incluir un grupo de nueve islas frente a la costa de Los Angeles y Santa Bárbara, y una isla frente a la Bahía de San Francisco. De modo que técnicamente, las diez islas pertenecen aún a México.

Cuando estalló la crisis de las Islas Malvinas, la prensa mexicana se acordó de estas islas frente a la costa de California. Un amigo, Alberto Beltrán, caricaturista político y artista mexicano de fama, comentó en broma que si la economía del país empeoraba, México debiera invadir el archipiélago del norte igual que lo hizo la Argentina.

Las islas en cuestión son Santa Bárbara, San Miguel, Santa Rosa, Santa Cruz, San Nicolás, Santa Catalina, San Clemente, las tres pequeñas Islas Anacapa y las de Farallón, frente a San

Navy's coastal defense network. Santa Rosa has been totally
cultivated and is owned by the Vail and Vickers Co. of Los Angeles.
Santa Cruz, filled with valleys, streams and mountains, is a rich
cattle- raising island claimed by the Stanton Oil Co. of Long Beach.
Santa Barbara Island is administered by the National Park Service.

Santa Catalina is the most populated island and remains an
important tourist attraction. It is claimed by Philip Wrigley. Back
in 1921, Santa Catalina was already occupied by William Wrigley,
the first chewing gum magnate. His successor, Philip, could not
sell it in 1933 because he lacked titles to the land.

The claim to these islands by México does have a history. As
far back as January 15, 1894, a certain Esteban Chassay
presented documented proof of México's claim to the Mexican
Geographical and Statistical Society.

In 1905, dictator Porfirio Díaz commissioned General Aguirre
to visit the islands and study the claim. General Aguirre discovered some of the islands were already registered as California
State property. In 1920, Aguirre again presented his study and
findings to President Alvaro Obregón. Obregón was urged to
present this claim to the United States. He decided not to, because
he badly needed U.S. recognition of his revolutionary government.

In 1944, 1947, and 1948, various commissions were set up
to look into the claim. Each time the Mexican media rallied the
country to support it.

As recently as April 2, 1970, the Mexican Secretary of
Foreign Relations, Antonio Carrillo Flores declared that the
Archipiélago del Norte was Mexican because the islands had never
been ceded in any treaty, and although there had been no attempt

Francisco. San Miguel, San Nicolás, San Clemente, Anacapa y Farallón forman parte de la red costanera defensiva de la Marina de Guerra estadounidense. La isla de Santa Rosa ha sido cultivada totalmente y es propiedad de la compañía Vail y Vickers, de Los Angeles. Santa Cruz, llena de valles, arroyos y montañas, es una isla rica en ganadería que reclama la Stanton Oil Co. de Long Beach. La isla de Santa Bárbara se halla bajo la administración del Servicio Nacional de Parques.

Santa Catalina es la isla más poblada y es una atracción turística importante. La reclama Philip Wrigley. En 1921, Santa Catalina ya había sido ocupada por William Wrigley, el primer magnate del chicle. Su sucesor, Philip, no pudo venderla en 1933 porque carecía de los títulos de propiedad.

La reclamación mexicana de estas islas tiene una larga historia. El quince de enero de 1894, un cierto Esteban Chassay presentó pruebas documentadas de la reclamación de México a la Sociedad Geográfica y Estadística Mexicana.

En 1905, el dictador Porfirio Díaz comisionó al General Amador Aguirre para que visitara las islas y estudiara la reclamación. El general Aguirre descubrió que algunas de las islas estaban inscriptas como propiedades del Estado de California. En 1920, Aguirre presentó nuevamente documentación al Presidente Alvaro Obregón, peticionándole que presentara esta reclamación a los Estados Unidos. Obregón decidió no hacerlo porque necesitaba urgentemente el reconocimiento de los Estados Unidos para su gobierno revolucionario.

En 1944, 1947, y 1948 diversas comisiones fueron establecidas para examinar la reclamación. En todas las oportunidades, la

to regain them, they had not been renounced.

Finally, on August 8, 1972, a group of Chicano Brown Berets raised the Mexican flag and staged a sit-in on Catalina Island, remaining there several days.

So the islands continue under U.S. sovereignty. México has had too many other problems to want to deal with these small islands off the coast of California. It would be ridiculous to try to reclaim them.

But not all of México's claims have fallen on deaf ears. In 1964, the United States ceded to México a small tract of land in South El Paso known as El Chamizal. El Chamizal and its people found themselves under the U.S. flag in 1867 when the Río Grande, the international border, shifted course.

For ninety-seven years, México fought diplomatically to regain control of their lost El Chamizal. In 1960, President Kennedy recognized México's just claim, and in 1964 President Johnson carried out President Kennedy's justice and ceded El Chamizal back to México at a cost of millions of dollars.

Argentina has a just claim but had no patience. It will be a hot day in the Falklands before the British will relinquish their unjust claim on the Malvinas.

----

prensa mexicana trató de unir al país para apoyar la reclamación.

Tan recientemente como el 2 de abril de 1970, el entonces Secretario de Relaciones Exteriores de México, Antonio Carrillo Flores, declaró que el archipiélago del norte era mexicano porque las islas nunca se habían cedido en ningún tratado, y que aun cuando no se había tratado de recuperarlas, tampoco se habían renunciado.

Por último, el 8 de agosto de 1972, un grupo de Boinas Pardas chicanos izaron la bandera mexicana y efectuaron una manifestación de protesta en la Isla de Santa Catalina, permaneciendo allí varios días.

De modo que las islas continúan bajo la soberanía estadounidense. México ha tenido demasiados otros problemas como para querer ocuparse de estas pequeñas islas frente a la costa de California. Sería ridculo tratar de reclamarlas ahora.

Pero no todas las reclamaciones de México han sido ignoradas. En 1964, los Estados Unidos cedieron a México un pequeño terreno al sur de El Paso, conocido por El Chamizal. Este territorio y su población se encontraron bajo la bandera de los Estados Unidos en 1867, cuando el Río Grande, la frontera internacional, cambió su cauce.

Durante noventa y siete años, México luchó diplomáticamete para recobrar el control de El Chamizal. En 1960, el Presidente Kennedy reconoció la justicia de la reclamación mexicana, y en 1964 el Presidente Johnson puso en práctica la decisión justa de Kennedy y devolvió El Chamizal a México, a un costo de millones de dólares.

La Argentina tiene una reclamación justa, pero no tuvo paciencia. El hielo se derritirá en las Malvinas antes de que los británicos renuncien a su reclamación injusta sobre estas islas.

Giving Serra Sainthood

Selo Black Crow, a Lokota Indian spiritual leader from South
Dakota, can't believe there are people who seek sainthood
for Junipero Serra, (1713-1784) the Spanish founder of the
California missions.

"After he enslaved so many California Indians?" he asks.

CheqWeesh Auh-Ho-Oh, a Chumash Indian activist and college
teacher in Aptos, California, has vowed to launch protests should
Pope John Paul II beatify Serra during his planned September
1987 visit to nearby Carmel. Beatification is the second of three
steps toward sainthood.

But American Indians are not alone in their protest. Many
Chicanos and other Indo-Hispanics share the same sentiments.
Contrary to a *Los Angeles Times* front page article, Serra is not
"riding the wave of Latino immigrants into the Southwestern
United States" as an *affirmative action* saint.

Junipero Serra is not well known in México. He does not have
any measurable following among Latinos in California, much less
in the rest of the Southwest. Chicanos and other Indo-Hispanics
identify more with the American Indian than with the Spanish,
despite the popular generic term *Hispanic*. As Mestizos, we have a
common physiognomy, similar culture, diet and history of
oppression.

Mexicans and Chicanos have always maintained a bitter dislike
for the Spanish *conquistadores* and missionaries who

188

Serra no era un santo

Selo Black Crow, uno de los líderes espirituales de los indios lakota de South Dakota, no puede creer que hay personas quienes están pidiendo la canonización del Padre Junípero Serra, (1713-1784), fundador de las misiones en California.

"¿Después de que esclavizó tantos indios en California?" pregunta incrédulo.

CheqWeesh Auh-Ho-Oh, indio activista chumash e instructor en la cultura indígena americana en Cabrillo College en Aptos, California, ha jurado lanzar una protesta mayor si durante su visita a Carmel en septiembre de1987, el Papa Juan Pablo II beatifica a Serra. La beatificación es la segunda etapa en el camino a la santidad.

Y los indio-americanos no son los únicos que protestan. Hay cantidades de *chicanos* que están de acuerdo con este sentimiento. A pesar de un reciente artículo de primera plana del *Los Angeles Times*, Serra no figura como santo de *acción afirmativa* para la nueva ola de inmigrantes latinos al suroeste estadounidense.

Junípero Serra no es muy conocido en México. Ni tiene muchos partidarios entre los latinos californianos, ni mucho menos entre los latinos del resto del suroeste.

A pesar del nuevo término *Hispanic*, nosotros los chicanos, al iqual que otros indio-hispanos, nos identificamos más con los indio-americanos que con los españoles, ya que como mestizos compartimos una fisionomía común, culturas y dietas similares, y

brutalized and sacked the proud and powerful Aztec and Mayan nations of their culture and their gold after they had been weakened by the introduction of measles, smallpox, syphilis, and other diseases.

The Franciscan missionaries' brutality against California Indians during Serra's fifteen years as head of the mission system is well documented. Even if he fit the venerable picture some paint of him, Serra was guilty in that he supervised other missionaries who abused and enslaved thousands of Indians. It was the Spanish Inquisition. In San Francisco's Mission Dolores alone, there is a mass grave of five thousand Indians who succumbed to disease and maltreatment.

According to Chicano history professor Rodolfo Acuña of Northridge University, Serra was a sadist and fanatic. Serra's attitude also has been described as paternalistic, with an over-zealous mandate to convert Indians and build missions. His goal was part of a dual religious-political Spanish venture to convert and control the Indians of California.

Serra's defenders have pointed out that it is unfair to judge 1780's actions by our 1980's standards. But they fail to consider that those 1780's standards were those of the White man and not of the Indian.

The assumption that Serra's beatification would strike a chord with Chicanos ignores their deep resentment about the way Anglo-Americans consistently exalt their Spanish heritage while denigrating their Mexican heritage. So often the word *Spanish* is erroneously used as a synonym for *Mexican.*

The late Carey McWilliams in his history of the Spanish

ambos tenemos una historia de opresión.

Tanto los mexicanos como los chicanos han conservado la fuerte y amarga aversión a los *conquistadores* y a los misioneros franciscanos quienes saquearon y brutalizaron a las orgullosas y poderosas civilizaciones azteca y maya, robándoles el oro y la cultura cuando estas estaban ya debilitadas por las enfermedades traídas por los mismos europeos: el sarampión, la viruela, y la sífilis.

La brutalidad de los misioneros franciscanos contra los indios durante los quince años que Serra encabezaba la red de misiones está ampliamente documentada. Por más que lo estimen, no se puede negar que Serra fue tan culpable del abuso y esclavizamiento de miles de indios como lo eran los misionarios a quienes supervisaba. Era la época de la inquisición española; en una sola misión, la Misión Dolores en San Francisco, se encuentra una tumba donde se sepultaron a cinco mil indios que habían muerto a causa de las enfermedades traídas por los españoles y del maltrato a manos de los misioneros.

Según el historiador chicano Rodolfo Acuña, profesor en Northridge University, Serra era fanático y sádico, con una actitud caracterizada como paternalista, con un fuerte fervor para seguir el mandato de convertir a los indios y construir misiones. Su meta era parte de un dualismo religioso-político español de controlar y convertir a los indios de California.

Los defensores de Serra han comentado que es injusto juzgar las acciones de los hombres del Siglo XVIII por las normas del Siglo XX. Pero lo que éstos no tienen en cuenta es que las normas de conducta en los años de los 1780 eran la normas del hombre blanco

speaking people of the United States, *North From México*, wrote of the *fantasy heritage* . He explained that by emphasizing the Spanish part of tradition and repudiating the Mexican-Indian side, it has been possible to rob the Spanish-speaking minority of their rightful heritage. He further explained how the majority of the Spanish-speaking settlers who colonized California after 1776 were already Mestizos, and not Spanish *dons* nor *señoritas* with lace fans as the movies would have us believe.

A beatification and canonization of Junipero Serra would be another insensitive denial of past oppression and maltreatment of California Indians and Indo-Hispanics.

If the church ignores the inevitable protests and succeeds in the beatification of Serra, the message will be loud and clear.

----

y no las del indio.

La suposición que la beatificación de Serra sería del agrado de los chicanos ignora el hecho de que estos resienten profundamente la manera en que muchos anglo-americanos exaltan nuestra herencia española y desprecian la mexicana. Tantas veces se emplea la palabra *español* erróneamente como sinónimo de *mexicano*.

En su historia sobre los hipanohablantes de los Estados Unidos, *North From Mexico*, Carey MacWilliams describe una *herencia de fantasía,* una herencia imaginaria en la cual se hace hincapié en lo *español* y se desprecia a lo indio-americano. Por medio de esta *herencia fantástica* se ha logrado robarles a las minorías hispanohablantes su herencia legítima. La mayor parte de los colonizadores después de 1776, continúa MacWilliams, ya eran mestizos y no *dones* ni *señoritas* de mantillas y abanicos de encaje, como se nos ha presentado por medio de las películas cinematográficas.

La beatificación y canonización de Junípero Serra sería otro ejemplo más de la insensible negación del maltrato y de la opresión que sufrieron los indios e indio-hispanos californianos.

Si la Iglesia ignora las inevitables protestas y logra santificar a Serra, resonará el mensaje fuerte y claro.

José Antonio Burciaga

The South Meets The North

There was a time when Mexican-Americans received no more respect in México than here. Even after the Brown Power movement of the late 1960's, Chicanos were caricatured in México as a puny Chihuahua dog tugging at Uncle Sam's cuff. Or as a Mexican Indian dressed like an American tourist.

But times change and so do attitudes. Today there is not only growing Mexican fascination with Chicano culture, but emulation. Steady exposure to North American television, films, fashions and music has made more and more of México's urban youth like their northern Chicano cousins: bicultural and binational.

At the same time, the hardy Mexican nationalism is being scrutinized by native intellectuals. As México's economic crisis deepens, as U.S. influence builds, México's thinkers, writers, and artists have begun to reexamine their cultural values. In their search, they have seen a faraway reflection of themselves in Chicanos. They find something else as well. Because Chicanos retain much of their Mexican culture while at the same time maintaining a distance from the Mother country, Chicano artists and writers have been able to challenge the Mexican psyche in new ways.

Yolanda López, a San Francisco artist, has painted a series of the Virgin of Guadalupe, Mexican patroness, as a young Chicana jogger, as an Indian woman breast-feeding a baby, and in other irreverent situations. César Martínez of Texas depicts the Virgin

El sur se encuentra con el norte

Hubo una época en que el méxico-americano era despreciado tanto en México como en los Estados Unidos. Aun después del movimiento *Brown Power* en los años 1960's, México pintaba al chicano como un perro chihuahua a los pies del tío Sam o como un indio mexicano vestido de turista americano.

Pero los tiempos cambian, igual que las actitudes. Hoy no solamente hay una creciente fascinación con la cultura chicana sino también el deseo de emularla. La influencia de las películas, la televisión, la moda, y la música estadounidense ha llevado a los jóvenes mexicanos urbanos a emular cada vez más a sus primos chicanos: biculturales y binacionales.

Al mismo tiempo, el nacionalismo de México está bajo escrudinamiento por los intelectuales. Mientras la crisis de la economía empeora y la influencia de los Estados Unidos crece, los escritores, los artistas y los intelectuales mexicanos reexaminan sus valores culturales. En su búsqueda, han podido ver algo de su reflexión en los chicanos.

Y han encontrado algo más todavía. Los artistas y los escritores chicanos, quienes han guardado su cultura mexicana pero que a la vez mantienen cierta distancia de su madre patria, han podido desafiar al psique mexicano de otras maneras.

Yolanda López, artista de San Francisco, ha pintado una serie de cuadros de la Virgen de Guadalupe, la protectora de México, como una corredora chicana y como una madre india dándole pecho

195

as Mona Lisa. Such work is creating no small stir south of the border. Chicano artists touch nerves when they take icons apart and transpose them, when they poke fun at images so obvious and taken for granted in México.

Meanwhile, the impact of Chicano culture on everyday México grows. *Cholos,* teen-aged street dudes with their peculiar social rituals and dress code, are spreading this famous Chicano style down from the border and into México's interior. English or anglicized Spanish words continue to creep from North America's *barrios* into México's daily discourse. In fact, it is now chic in México to mix English with Spanish in the Chicano tradition. This has brought out a national concern for the preservation of Spanish, much like the movement to make English the official language in this country.

Chicano writers aren't worried about either trend; for years they have experimented with bilingual poetry. México makes more films about Chicanos than does the United States. And Mexican viewers are hungry for Chicano-crafted drama. Luis Valdez's film *Zoot Suit* was a daily sellout in México City theatres as was *La Bamba.* His musical *Corridos* in San Diego seemed to be attended by more Tijuanans than San Diegans.

Last year, at least four conferences on *Chicanismo* were held throughout México. Fueling all the interest are new realities that Chicanos and Mexicans increasingly share. In a recent series of lectures at Stanford University, former Mexican Minister of Finance Jesús Silva Herzog spoke of how México's changing economy is changing the Mexican way of life.

In México, it is no longer uncommon for the woman to go off

a su criatura y también en otras irreverentes situaciones. A la
vez, César Martínez de Texas pinta a la Virgen como la Mona Lisa.
Tales trabajos han creado un alboroto al sur de la frontera. Los
artistas chicanos ofenden a los mexicanos al tomar los iconos y
burlarse de ellos.

Mientras tanto el impacto de la cultura chicana sigue creciendo
en México. Por ejemplo, los *Cholos*, aquellos jóvenes quienes
tienen su propio modo de vestir, están llevando esta moda a la
frontera y al interior de México. Palabras anglos o pochas han
salido de los barrios estadounidenses y han llegado a México. La
tradición chicana, la de mezclar el inglés con el español, está de
moda ahora en México. Esto ha resultado en un interés nacional
por la perservación del español, lo cual es algo similar al movimiento en los Estados Unidos de votar al inglés como el idioma
oficial.

Los escritores chicanos no están preocupados; por muchos
años han trabajado con la poesía bilingüe. México hace más películas de chicanos que los Estados Unidos. Los mexicanos están
deseosos de ver más películas hechas por chicanos. Las películas
Zoot Suit y *La Bamba,* producidas por Luis Valdez, fueron un éxito
en los teatros de la cuidad de México. Su obra musical *Corridos*
causó más sensación entre los tijuaneños que en San Diego.

El año pasado se ofrecieron por lo menos cuatro conferencias
sobre chicanismo en México. Todo este interés se debe a las
nuevas realidades que los mismos chicanos y mexicanos
comparten. En una serie de conferencias en la Universidad de
Stanford en California, el ex-ministro mexicano de finanzas,
Jesús Silva Herzog, habló de cómo el cambio en la economía está

to the factory while the man stays at home because he cannot find work. In garment districts like East Los Angeles and high-tech assembly centers like Silicon Valley, that situation is all too familiar for many Chicano families.

Like two acquaintances who suddenly discover that they have similar problems and points of view, Chicanos and Mexicans today find themselves caught up in an ever more boisterous and fruitful conversation.

----

cambiando el modo de vivir en México.

Ya no es raro que la mujer trabaje en la fábrica mientras el hombre se queda en el hogar porque no encuentra trabajo. En los distritos donde se encuentran las fábricas de ropa, como en el este de Los Angeles y los centros de tecnología como Silicon Valley, esta situación es también común en las familias chicanas.

Como dos conocidos, que de repente descubren que tienen problemas y puntos de vista similares, los chicanos y los mexicanos ahora se encuentran en una dulce y explosiva conversación.

José Antonio Burciaga

Border Patrol Explorer Teens

Pablo Ramos is not his real name but the rest of his story is true.

He was born in a small *pueblo,* in the state of Coahuila, México, just across from South Texas. As a boy, he came to this country through Laredo. As a young man he fought in Vietnam, became a U.S. citizen and worked as a policeman in Chicago. Then, perhaps those freezing midwestern winters or nostalgia made him return to warm Laredo.

Laredo is a town of approximately 100,000, with a 95 percent Mexican-American population. It has a 20 percent unemployment rate; but Pablo, with his military and law enforcement experience, had no problem finding a job. He landed one with the Border Patrol.

Mexican-American Border Patrol agents are not rare and in fact, a career with the Border Patrol is viewed by many as an enviable and honorable job.

Pablo has caught people from his own village and they have recognized him. They'd just as soon "spit in my face," he says.

One time he apprehended a whole family. The woman had a baby who would not stop crying. When Pablo asked her why she didn't breast feed, the woman responded, "I haven't eaten in a week! How can I breast feed?" Pablo took the family to eat at a fast-food restaurant and then processed all its members for return to Mexico.

Patrulla fronteriza de adolescentes

Pablo Ramos no es su nombre verdadero pero el resto de su historia es verídico.

Nació en un pequeño pueblo en el estado de Coahuila, México, al otro lado de la frontera con Texas. De niño entró a este país por Laredo. De joven peleó en Vietnam. Se hizo ciudadano de los Estados Unidos, y trabajó de policía en Chicago. Luego, quizás, esos inviernos helados del medio oeste o la nostalgia lo hicieron regresar a Laredo.

Laredo es un pueblo de aproximadamente 100,000 habitantes, 95 por ciento de los cuales son méxico-americanos. Tiene un 20 por ciento de desempleo, pero con su experiencia militar y policíaca, Pablo no tuvo problema en encontrar trabajo. Consiguió empleo con la Patrulla Fronteriza.

No es nada raro encontrar a méxico-americanos en la Patrulla Fronteriza. Una carrera con la Patrulla Fronteriza es considerada por muchos como un empleo envidiable y honrado.

Pablo ha capturado gente de su propio pueblo y lo han reconocido. "Les gustaría escupirme la cara," dice.

Una vez capturó a una familia entera. La mujer traía un bebé que no dejaba de llorar. Cuando Pablo le preguntó porque no le daba pecho, la mujer respondió, "¡No he comido en una semana! ¿Cómo quiere que le dé pecho?" Pablo llevó a la familia a comer a un restaurante y luego procesó a todos sus miembros para regresar a México.

He feels better when he catches *coyotes* and dope smugglers, those who profit from the misery of their own countrymen.

If this is a significant dilemma in the life of one mature man, consider the Explorer Program, a Border Patrol training and familiarization plan for interested Laredo teen-agers begun by agents Gerry Tisdale and Joe Butcher. Teen participants -- the overwhelming majority Latinos -- learn such specialized skills as fingerprinting, interviewing, processing illegal aliens and basic arrest procedures. And that's not all. These adolescents are taught the finer skills of tracking down people through South Texas brush country, riding horses, and searching cars, vans and trucks for undocumented aliens and drugs.

Officials hope to spark a nationwide interest in the Border Patrol as a career option. The Border Patrol office in Rio Grande City has sent agents to study the Explorer Program. Hebronville and Freer, Texas, have already set up their own Explorer Programs.

According to an article in *The Laredo News*, teenagers see it as an exciting alternative to office work. For fifteen year-old Gaby García, a high school freshman, it provides the opportunity to learn things other teens just dream about. "Besides, our parents know we're not out on the street doing drugs," she says. "We're doing something worthwhile."

Even the Boy Scouts of America have gotten in on the act. They accredit all Explorer Posts. Justin Broussard, BSA District Executive, is quite sold on the idea: "It helps kids decide on a career before they get started." Pending approval from Washington, D.C., Tisdale hopes to have a youngster accompany an agent

Se siente mejor cuando captura coyotes o contrabandistas de drogas, los que se aprovechan de la miseria de sus paisanos.

Si este es un dilema serio en la vida de un hombre maduro, consideren el programa de Exploradores de la Patrulla Fronteriza iniciado por dos agentes, Gerry Tisdale y Joe Butcher, para entrenar y familiarizar a los adolescentes interesados de Laredo. Los participantes adolescentes -- la mayoría de ellos Latinos -- aprenden a sacar impresiones digitales, a entrevistar y procesar a los indocumentados, y técnicas de detención. Y esto no es todo. Estos adolescentes también aprenden el arte de rastrear a los fugitivos, de andar a caballo, y de buscar a los ilegales y las drogas en automóviles y camiones.

Los oficiales esperan despertar un interés nacional en la Patrulla Fronteriza como una posible carrera. La oficina de la Patrulla en Rio Grande City ha mandado agentes para estudiar el Programa de Exploradores. Hebronville y Freer, Texas, han establecido sus propios Programas de Exploradores.

Según un artículo en *The Laredo News* , los adolescentes ven este programa como una alternativa más atrayente que el trabajo de oficina. Para Gaby García de quince años de edad, primer año de secundaria, le provee la oportunidad de aprender cosas que otros adolescentes solamente sueñan. "Y además, nuestros padres saben que no estamos en las calles con drogas," dice ella. "Estamos haciendo algo que vale la pena."

Hasta los *Boy Scouts of America* se han metido en este programa ya que acreditan a todos los Puestos de Exploradores. Justin Broussard, ejecutivo regional de los BSA, está a favor de la idea. "Ayuda a los muchachos a elegir una carrera antes de que

on his rounds.

The ethical and moral questions rasied by this program are haunting.

A program of teenaged border guards is too reminiscent of youthful law enforcement corps in a totalitarian state. It uses the energies of naive and impressionable youngsters to capture not only *coyotes* and drug smugglers but also destitute Mexicans who have no other recourse than to do what many of the Explorers' parents did, cross the border.

It reminds one of Indian scouts tracking down their own people or another tribe for the U.S. Cavalry.

The success of the Explorer Program is related to the dismal lack of other career tracks for Latino youths. For similar reasons, many Latinos enter the armed forces, and a growing number of Latino U.S. soldiers and advisers are found in Central America.

It is a tragedy that Latino youths do not have more and better alternatives.

----

comienzen." Si obtiene la aprobación de Washington, D.C., Tisdale espera que un joven acompañe a cada agente en sus recorridos.

Las preguntas éticas y morales que sucita este programa son inquietantes.

Un programa de guardias fronterizas de adolescentes es demasiado reminiscente de un cuerpo policial de jóvenes en un país totalitario que emplea la energía de jóvenes ingenuos e impresionables para capturar no solamente a coyotes y contrabandistas de drogas, sino también a mexicanos destitutos que no tienen otro recurso que hacer lo que muchos de los padres de estos Exploradores hicieron, o sea, cruzar la frontera.

Traen a la memoria esos exploradores indios que rastreaban a su propia gente o la de otra tribu para la Caballería Estadounidense.

El éxito del Programa de Exploradores está relacionado con la falta casi total de otras carreras para jóvenes latinos. Por razones similares, muchos latinos entran en las fuerzas armadas y un creciente número de ellos se encuentran en Centroamérica como soldados y concejeros.

Es una tragedia que los jóvenes latinos no tengan más y mejores alternativas.

Author

José Antonio Burciaga, writer, illustrator and artist, is originally from El Paso, Texas. He has published widely as a free lance writer for Hispanic Link News Service, Pacific News Service and Vista, and is the author of three books of poetry: *Restless Serpents*; *Drink Cultura Refrescante;* and *Versos Para Centroamérica.* As a performing member of Culture Clash, San Francisco Chicano Latino Comedy Troup, Burciaga has appeared in New York at the Joe Paap Hispanic Theatre Festival and throughout the Los Angeles and Bay Area. His most recent award is the 1986 Journalism Award, World Affairs Council, San Francisco.

With his wife Cecilia and two children, Burciaga now lives at Stanford University as Resident Fellow of Casa Zapata, the Chicano theme dormitory.
